歴史文化ライブラリー
363

明治の政治家と信仰

クリスチャン民権家の肖像

小川原正道

吉川弘文館

目　次

政治家と信仰――プロローグ

米国大統領と信仰

二〇〇一年の九・一一テロを受けて、米国ワシントンDCのナショナル大聖堂で開かれた追悼礼拝で、ジョージ・W・ブッシュ（George W. Bush）大統領は次のような挨拶を行った。

われわれは今、悲しみの時のさなかにいる。神の前で、行方の分からない人、亡くなった人々と彼らを愛していた人たちとに祈りをささげる。……われわれは、悲しみと、敵をうち負かすという固い決意によって、肉親のように結束した。そしてこの、テロに対する団結は、今や世界へと広がりを見せているのだ。（『読売新聞』平成十一年九月十六日付朝刊）

悲しみ、怒り、そして決意。それが米国合衆国大統領の祈りに集約され、対テロ戦争ははじまった。

一六二〇年に英国から米国大陸に渡ったピルグリム・ファーザーズたちは、信仰の新天地を求める清教徒であり、彼らが船中で交わしたメイフラワー契約には、神の栄光とキリスト教信仰の振興のために、そして国王と祖国の名誉のために、バージニア北部に最初の植民地を創建しようと航海を企てた、と記されていた。憲法上で「信教の自由」を規定した最初の国も米国であり、今日なお、「宗教的な国家」といわれるほど、宗教、とりわけキリストの影響力は高く、キリスト教とデモクラシーとは、切っても切り離せない関係にある。

では、そのデモクラシーのなかにある政治家にとって宗教とは、信仰とは何なのか。明治日本を例に取り、この問題を考えてみたい、というのが筆者のねらいである。政治を信仰が支えるのか、あるいは両者は相克するのか、あるいは、両者はまったく別次元の問題なのか。ブッシュ大統領の祈りは、両者の「親和性」の一形態を示している。では、われわれの先達の系譜につらなる近代日本の政治家たちにとって、信仰と政治とはいかなる関係を有していたのだろうか。

図１　廃仏毀釈（日本近代史研究会提供）

仏教と神道

いうまでもなく、明治以降の近代日本において、日本人がもっとも親しんでいた宗教は、仏教と神道であった。しかし、この両者は、いずれも「政治」の強制力によって、大きくその形態を変容させられていく。

古代以来、日本では神仏習合が進んでおり、仏像を御神体とする神社や、神社に仕える僧侶などが、少なくなかった。明治期に入り、天皇と、それを支える記紀《きき》神話的な権威とにとって国家建設を進めようとする明治政府は、両者を切り離し、神道を優先する政策を打ち出した。いわゆる神仏分離令である。仏像を御神体とするようなことは禁じられ、神社に仕えていた僧侶は還俗《げんぞく》させられた。仏教に対して強い嫌悪感を持っていた特殊な神道思想が流布していた鹿児島や富山、松本、隠岐《おき》といった地域では、仏像や寺院、仏具などを破壊、統廃合する暴力的な廃仏毀釈が横行し、仏教は大打撃を受けた。江戸時代まで、戸籍管理という形で行政の末端に連なっていた仏教は一気にその座を失墜させることになったのである。

一方、政府によって特別な地位を与えられることになった神道に、当初政府は、「国教」としての地位を与えるべく、神職たちに布教活動に取り組ませていった。しかし、いまだ廃藩置県も行われていない状態では、中央政府の政策が全国に行きわたることは難しく、この政策は挫折に追い込まれる。さらに、西洋で政治と宗教の現状を実見してきた僧侶からは、政府が特定の神道教説を流布させるのは信教の自由、政教の分離という近代国家の原則に反する、といった批判が提起され、神道政策は変更を余儀なくされた。こうして登場してくるのが、神道は国家の祭祀であって宗教ではない、という論理である。宗教でない以上、これを国家が管理しても政教分離にも信教自由にも反しない。こうした神社神道はいわゆる国家神道としての国家の管理下に置かれ、宗教とは分離して扱われることになった。

この日本の仏教や神道が共通して取り組まなければならなかった課題が、キリスト教流布の阻止であった。幕末の開国以来、欧米諸国の宣教師が続々と来日し、日本国内での布教活動を展開しており、僧侶や神職たちはこれを批判し、反駁し、日本独自の教義理念として政府が提示した「敬神愛国」などの理念を説いていった。ただ、明治政府は欧米諸国との条約改正という最大の外交課題を抱えているため、表だって欧米諸国の宗教であるキリスト教を排除することはできず、といって、神道とは異なる「神」を信仰させるこれを歓迎するわけでもなく、いわゆる「黙許」という、見て見ぬふりをしながら、間接的に排除すべく、国民教化活動を推進することになる。その担い手となった神道は国家管理下に置かれ、仏教各教団は一定の自治権を与えられながら、みずからの体制の近代化を目指し、新たな時代への適応を試みていった。

キリスト教の拡大

こうした抵抗を受けながらも、横浜バンド（誓約を結んだキリスト者の集団）、札幌バンド、熊本バンドといった集団に代表されるキリスト教勢力が国内に続々と誕生し、当初は士族を中心に、キリスト教が急速に広まっていった。重要なのは、まったく同時期にやはり欧米の政治構造である議会制度や憲法、あるいは自由や平等、博愛といった理念が流入してきたことである。議会開設を目指した自

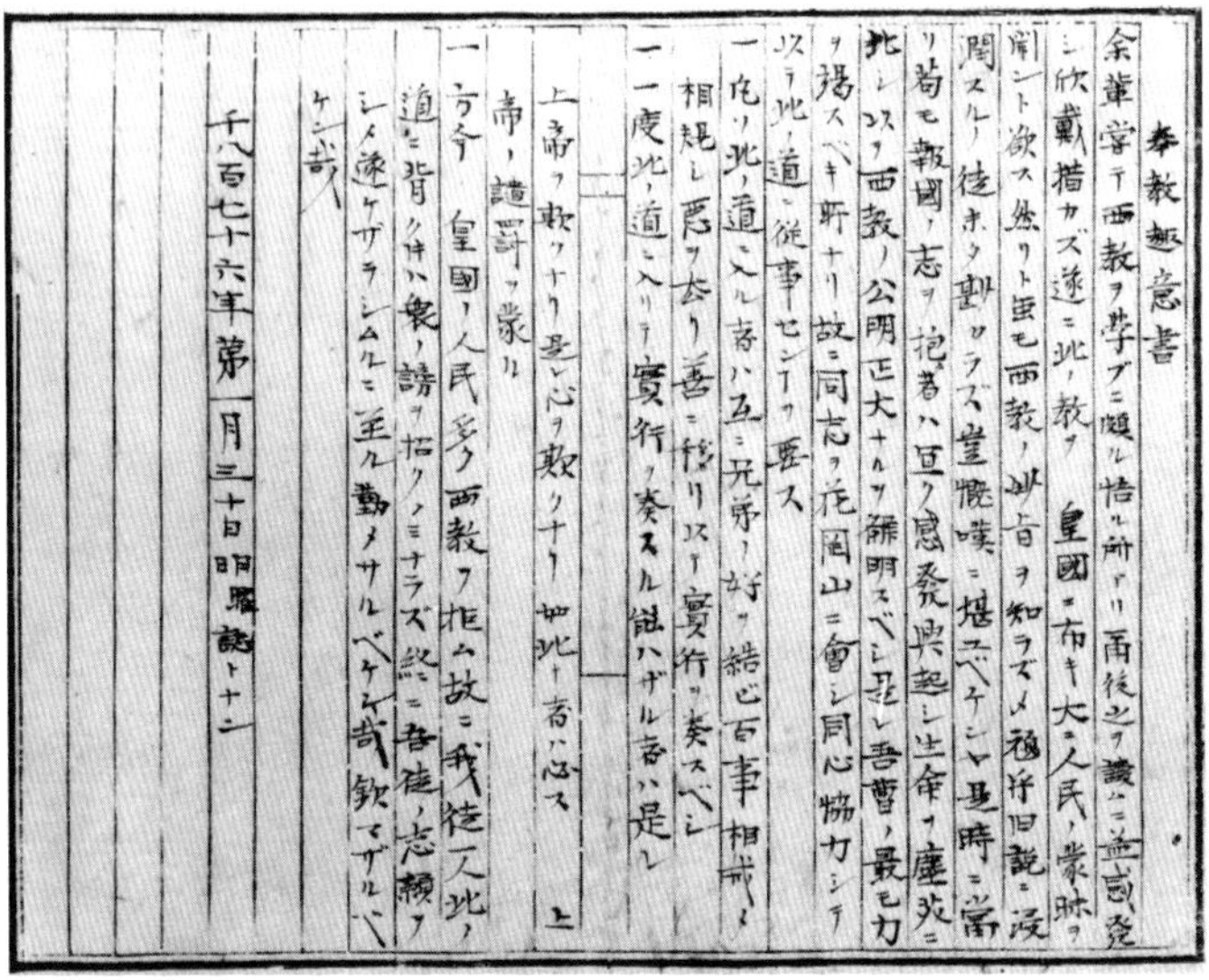

奉教趣意書

余輩嘗テ西教ヲ学ブニ随ヒ悟ル所アリ爾後之ヲ讀ムニ益感発シ欣戴措カズ遂ニ此ノ教ヲ 皇國ニ布キ大ニ人民ノ蒙昧ヲ開カント欲ス然リト雖モ西教ノ妙旨ヲ知ラズシテ頑ニ旧説ニ浸潤スルノ徒尠カラズ豈慨嘆ニ堪ユベケンヤ是時ニ當リ苟モ報國ノ志ヲ抱ク者ハ宜ク感発興起シ生命ヲ塵芥ニ比シ以テ西教ノ公明正大ナル所以ヲ辨明スベシ是レ吾曹最モ力ヲ竭スベキ所ナリ故ニ同志ヲ花岡山ニ會シ同心協力シテ以テ此ノ道ニ従事センコトヲ誓ス

一 凡ソ此ノ道ニ入ル者ハ互ニ兄弟ノ好ヲ結ビ百事相戒メ相規シ悪ヲ去リ善ニ移リ以テ實行ヲ奏スベシ

一 一度此ノ道ニ入リテ實行ヲ奏スル能ハザル者ハ是レ 上帝ヲ欺クナリ是レ心ヲ欺クナリ如此ナル者ハ必ス 上帝ノ譴罰ヲ蒙ル

一 方今 皇國ノ人民多ク西教ヲ拒ム故ニ我徒一人此ノ道ニ背クトキハ衆ノ謗ヲ招クノミナラズ終ニ吾徒ノ志願ヲシテ遂ケザラシムルニ至ル勤メザルベケンヤ戒メザルベケンヤ

千八百七十六年第一月三十日 [illegible]

図２　熊本バンド奉教趣意書

図３　札幌独立教会

由民権運動に挺身する士族民権家のなかには、キリスト者として、そして政治家として、共通目標である自由や博愛を追求していく人物が次々と登場してくることになる。もちろん、その内実はさまざまで、あくまで政治的理念を正当化するために信仰を装う者も、キリスト教信仰を現実に実現するために政治的手段を利用する者もいた。ただいずれにせよ、近代化、西欧化を追求する明治国家のなかで、それを精神的に支えるキリスト教と欧米政治思想との「共存」「共生」は、政治運動家にとって避けては通れない課題であった。

本書で取り上げるのは、こうした「共存」「共生」という難題に取り組んだ政治家・キリスト者たちである。冒頭で取り上げる片岡健吉《かたおかけんきち》は、政治活動と教会活動との二足の草鞋《わらじ》を履き続け、政治的舞台でもキリスト教教育の世界でも、その理想を実現しようと努めて、衆議院議長兼同志社社長在任中のまま、死去した。一方、明治期を代表するキリスト者の一人である本多庸一《ほんだよういつ》は、自由民権運動に奔走したが、議会開設の際、キリスト教牧師には衆議院議員選挙の被選挙権が与えられないことを知り、葛藤の末に牧師の道を選択して、その理念を政治運動という形で外側から実現していくことを目指した。自由党左派として政府転覆を企てた村松愛蔵《むらまつあいぞう》は、議員在職中に汚職事件で逮捕され、獄中で劇的な回心を遂げて、釈放後、そのまま救世軍の本営に走り、救世軍士官として後半生を送った。

こうした群像に焦点をあてることで、政治家にとって信仰とは何であったのかについて考えてみたい。われわれは、欧米で設計され、成熟した政治制度のなかに生きているが、そのほとんどはクリスチャンではない。政治家も同様である。そこには、明らかにほかの先進諸国との差異がある。しかし第一回帝国議会の際には多くのクリスチャン政治家が当選し、会期中は同じ教会で礼拝を守ることを約束して、議事に臨んだ。自由や平等の実現、娼婦の廃止や貧民の救済は、政治目標であると同時に、信仰目標であった。そんな時代があったこと、その時代の内実を顧みることは、現代の民主主義社会に生きるわれわれにとっても、無意味なことではない。

あるいは葛藤し、奔走し、激発したクリスチャン政治家たちの軌跡を追うことで、政治と信仰という、現代政治にとって、現代日本にとって、そしてわれわれの来歴にとってきわめて重要なテーマの一端に迫り、宗教の一側面から明治日本の実像を描き出してみたい。その第一歩を、自由民権の故郷、土佐から踏み出してみよう。

「立志社」から衆議院議長・同志社社長へ

片岡健吉

片岡の生涯――信仰と政治

片岡という人物

片岡健吉《かたおかけんきち》は明治日本を代表する自由民権運動家であり、また政治家である。天保十四年（一八四三）、土佐藩の上士《じょうし》の家に生まれた片岡は、戊辰戦争《ぼしんせんそう》に参加して戦功を挙げ、土佐藩政に従事したのちに欧米を視察、明治六年（一八七三）には明治政府に出仕して海軍中佐となったが、明治六年の政変で敗れた板垣退助《いたがきたいすけ》とともに下野し、翌年には政治結社・立志社《りっししゃ》の社長に就任した。西南《せいなん》戦争中に国会開設建白書を提出して民権運動を盛り上げ、初代高知県会議長、愛国社大会の議長などを経て、第一回衆議院議員選挙から連続八回当選して、衆議院議長在任中の明治三十六年に死去した。この間の十八年には高知教会の設立に寄与すると同時にキリスト教の洗礼を受け、晩年には同志社《どうししゃ》社長も務めている。

民権運動家として、また政治家として、かつキリスト者として生きた片岡にとって、その信仰と政治はいかなる関係を有していたのか。本書の基本的関心は、ここにある。キリスト教と自由民権運動との関係についてはこれまで、隅谷三喜男《すみやみきお》、平岡敏夫などによる先駆的研究を踏まえて、岡山・高梁《たかはし》、上毛《じょうもう》、築地、平塚、横浜などの地域や、留岡幸助《とめおかこうすけ》、坂本直寛《さかもとなおひろ》、山上卓樹《やまがみたくじゅ》・カク、加藤勝弥《かとうかつや》などの個人についての事例研究が積み重ねられてきた。しかしながら、民権運動や帝国議会における地位や役割を考慮するとき、もっとも注目すべき存在である片岡については、これまでほとんど着目されておらず、正面からこれを取り上げた研究は、残念ながらみあたらない。そもそも片岡自身についての研究自体が遅れており、土佐自由民権運動の研究者として知られる外崎光広《そとざきみつひろ》が、「片岡健吉は土佐の自由民権運動の指導者の一人ですが、彼に関する研究書は少なく、また研究論文も戦後高

図4　片岡健吉（『片岡健吉日記』より）

図5　江原素六（麻布学園提供）

知県では出ていないのではないかと思われます。したがって健吉についてはまだまだ研究の余地が残されていると言えるでしょう」（外崎光広「片岡健吉と自由民権運動」）と指摘しているとおりである。本書がその筆頭において片岡に、そしてその信仰と政治との関係に着目するゆえんである。

片岡についてはすでに、川《かわ》田《だ》瑞《みず》穂《ほ》による浩瀚《こうかん》な伝記『片岡健吉先生伝』（立命館出版部、昭和十五年）が刊行されているが、この中においても、片岡が語り残した「信仰の経歴」の概要や、片岡の演説などを通して、その信仰生活の概要が触れられているにすぎない。

残された課題

やや先走るが、「『豪農』から草の根運動家へ」において、片岡や江原素《えばらそ》六《ろく》（教育家・政治家、麻布学園の創設者）の支援を受け、キリスト者として、また政治家として活動した加藤勝弥について検討するが、その際、加藤が、当初は「政治のための信仰」であった姿勢を、葛藤の末、やがて「信仰のための政治」へと改めていった過程が確認される。

自由や平等、権利といった政治的理念を実現するため、これを正当化・強化する手段として信仰を動員するのか、あるいは、信仰的理念を実現するために、政治という手段を利用するのか。片岡の指導者であった板垣退助は、自由民権思想の基盤を、キリスト教倫理を導入することで固めようとする傾向が強かったとされており、いわば前者に該当している。では、片岡の内面においては、かかる葛藤は存したのか、否か。

右のような観点に重きを置きながら、片岡健吉の信仰的遍歴と、その政治活動、政治思想との関連について探っていこう。

キリスト教との出会い

片岡自身が明治三十年に回顧したところによると、もともと「儒教主義」で育てられたため、幼少期から青年期にかけての自分の行動基準はあくまで「武士的道徳」であって、キリスト教はもとより、仏教にも神社にも特に関心はなく、むしろ、戊辰戦争の際に戦場で護符を持って戦う兵士をみては、軽蔑していたという（「片岡健吉」、川崎巳之太郎編『実験上の宗教』）。

転機となったのは、浦上キリシタン流配事件（キリシタンの故郷である長崎県の浦上で多くのクリスチャンがいることが表面化し、各地に流されて離教を求められた事件）と欧米視察

図6　浦上天主堂

であった。明治二年十月、高知県小参事となった片岡は、のち権大参事（県庁のナンバー3）に昇任し、明治四年四月から六年三月まで欧米各国視察に出かけた。

前者については、明治三年十二月に長崎県の浦上から天主教（カトリック）の一婦人が土佐藩に預けられ、藩では改宗を迫るべくさまざまに説得を試みたが効果がなく、婦人は、たとえ肉体を殺されても霊魂は殺し得ない、と喝破して抵抗したため、説得する立場にあった片岡はむしろこれを聞いて感動したという。実際、土佐藩には合計十五名の浦上天主教信徒が流されたが、一向にその信仰を枉《ま》げようとしなかったため、その姿に感動して入教する藩の担当者さえいた。『片岡健吉先生伝』は、これが、片岡が「信徒となる遠因」だと評しているが、たしかにいささか衝撃的なキリスト教との出会いであった（『片岡健吉先生伝』）。

洋行体験　さらに、洋行である。明治三年十一月、太政官は、大藩から二人、小藩から一人の割合で、それぞれ政治に携わる者を青年洋行させて海外の形勢を視察せしめるよう達し、名古屋、岡山、高知からは二名ずつ派遣されることとなった。片岡は明治四年二月十九日に権大参事に昇任された上で、四月四日に大参事から出発の準備をするよう命じられ、上京して旅費二千四百七十両を太政官から、二千五百両を高知県から得て、五月六日、同じく高知から派遣された伴正順ら四十名余りとともに横浜を出航して米国へ向かった（明治四年九月十日付で権大参事は免官となっている）。

同行した通訳はデビッド・タムソン（David Thompson）という宣教師で、その「懇篤」「謙直」「謙譲」な姿勢に片岡は感服したが、これはあくまで「例外」で、キリスト教に心が傾くことはなかったと述べている。タムソンも強いて伝道はしなかったが、サンフランシスコに到着した翌日に片岡を連れて「礼拝堂」に行っている（立志社創立百年記念出版委員会編『片岡健吉日記』)。片岡にとってはじめての礼拝堂であろうか。以後、タムソンの案内でニューヨークやシカゴの各地を視察したが、驚いたのは慈善事業で、病院、学校、貧民院、孤児院などをキリスト教徒が運営していると聞いて「妙なる事」と感じたという。キリスト教徒の家庭とも接したが、自分たち武士が「礼儀」正しいことに心を砕いているのに対し、彼らは「愛」を大切にしていることに気づいたとしている(『片岡健吉』)。

こうして次第にキリスト教に関心を持っていった片岡だが、米国滞在後英国に移り、慶應義塾出身で法律の勉強をしていた馬場辰猪《ばばたつい》と出会い、当初は「宗教の研究に着手するの熱心なく」という状態だったものの、グラッドストーン(William E. Gladstone)首相がクリスチャンであることを知り、さらに馬場から、英国で「衷心」からキリスト教を信じているのは「過半なるのみならず、其人物の熱心なり」と聞いた。馬場はとりわけユニテリアン(プロテスタントの一派)を推奨したため、片岡も欧州の武器、軍制、政治のほか、宗教、とりわけ、ユニテリアンを輸入すべきだと考えるにいたったとしている(『片岡健吉』)。

非折衷主義

かくして片岡は明治六年一月に帰朝することとなったが、帰国後は華やかに帰国することを思い描いていたものの、実際には「人事意の如くならずもの多く」、海軍省に出仕して水兵本部長、海軍中佐となる(『片岡健吉』)。

この欧米視察を経て、キリスト教への関心、とりわけユニテリアンへの理解を深めた片岡ではあったが、入信するまでには至らず、言語と金銭の壁に阻まれて、「視察」も思いのままにはならなかった。この段階では、片岡の心中にわずかなキリスト教の「種」が蒔かれたというところであろう。むしろ重要ではあったのは、その「泰西《たいせい》主義」の形成である。片岡が留学生活を経て得た思考体系とは、わが国に比して西洋が勝る武器を輸入するほかなく、そのためには軍隊制度も導入せざるを得ず、また、政治組織も立憲政治という形態を欧米に学ぶべきであり、その運用を可能にしている「政治文化」を輸入しなければならないというものであった。さらには、慈善事業や家庭における「愛」などに接して、「西洋流の道徳及び宗教」もまた、いずれ採り入れざるを得ないのではないか、という泰西主義における「非折衷」論に到達した。軍人としては軍事を、政治家としては立憲主義を、宗教者としてはキリスト教を、まとめて採り入れなければならず、和洋折衷主義は「片腹痛き次第」と

図7　馬場辰猪

された。それは軍人としても政治家としても宗教家としても、重要な受容枠組みであった。自身の信仰はまだ「種」の段階であったものの、それを育てる土壌ともいうべき思想体系は、この留学によって耕されたといってよいであろう。ただ、それがまだ芽を吹かなかった背景には、片岡が「基督《キリスト》教を観るや、常に社会的にして、個人的ならざりしを以てなり」というところにあった。片岡は、あくまで信仰が表面に現れた「謙譲」や「愛」、あるいは「慈善事業」といった「外面」にのみ関心を寄せ、その根源にある「内面」的な側面までには、これを傾けなかった、あるいは傾けられなかったのである。それは、幼少期から受けた道徳規範があくまで儒教的・武士的な行動基準であって、その重んずるものも外面的な「礼儀」であったことにも由来するであろう。片岡は帰国後のこうした自らの姿勢を、同志社の創設者・新島襄《にいじまじょう》や日本組合基督教会の指導者・宮川経《つね》

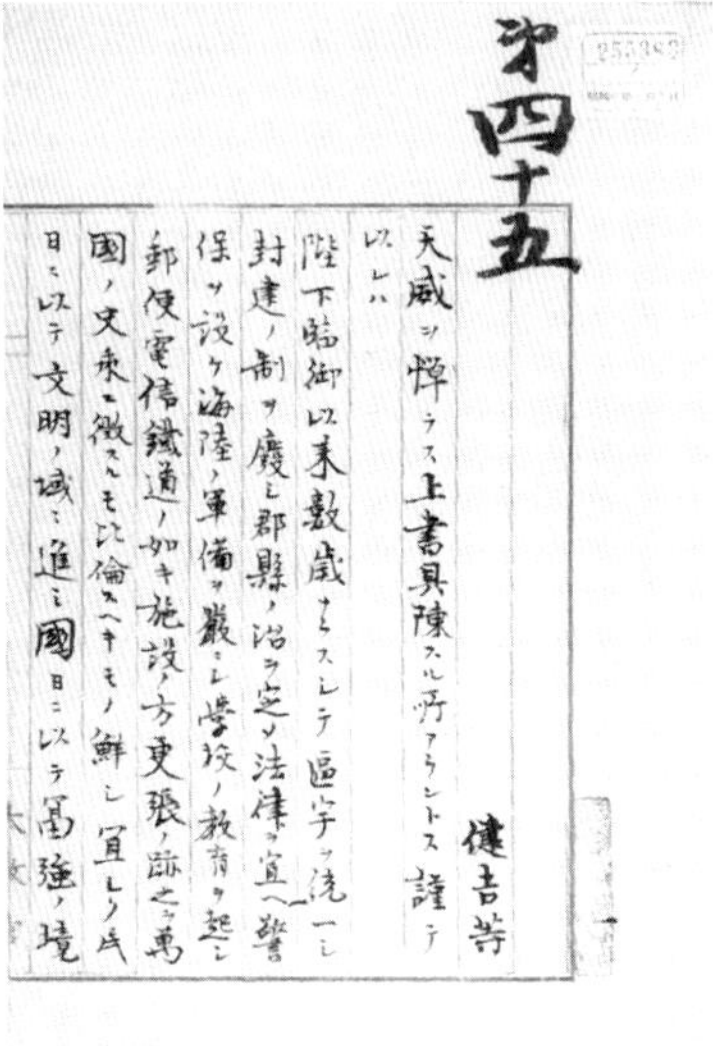
第四十五
健吉等
天威ヲ惮ラス上書具陳スル所アラントス　謹テ以レハ
陛下臨御以来数歳ナラスシテ区宇ヲ統一シ封建ノ制ヲ廃シ郡県ノ治ヲ定メ法律ヲ宜ヘ警保ヲ設ケ海陸ノ軍備ヲ厳ニシ学校ノ教育ヲ起シ郵便電信鉄道ノ如キ施設ノ方更張ノ跡之ヲ萬国ノ史乗ニ徴スルモ比倫スヘキモノ鮮シ宜ヘク民日ニ以テ文明ノ域ニ進ミ国日ニ以テ富強ノ境

室所蔵〉)

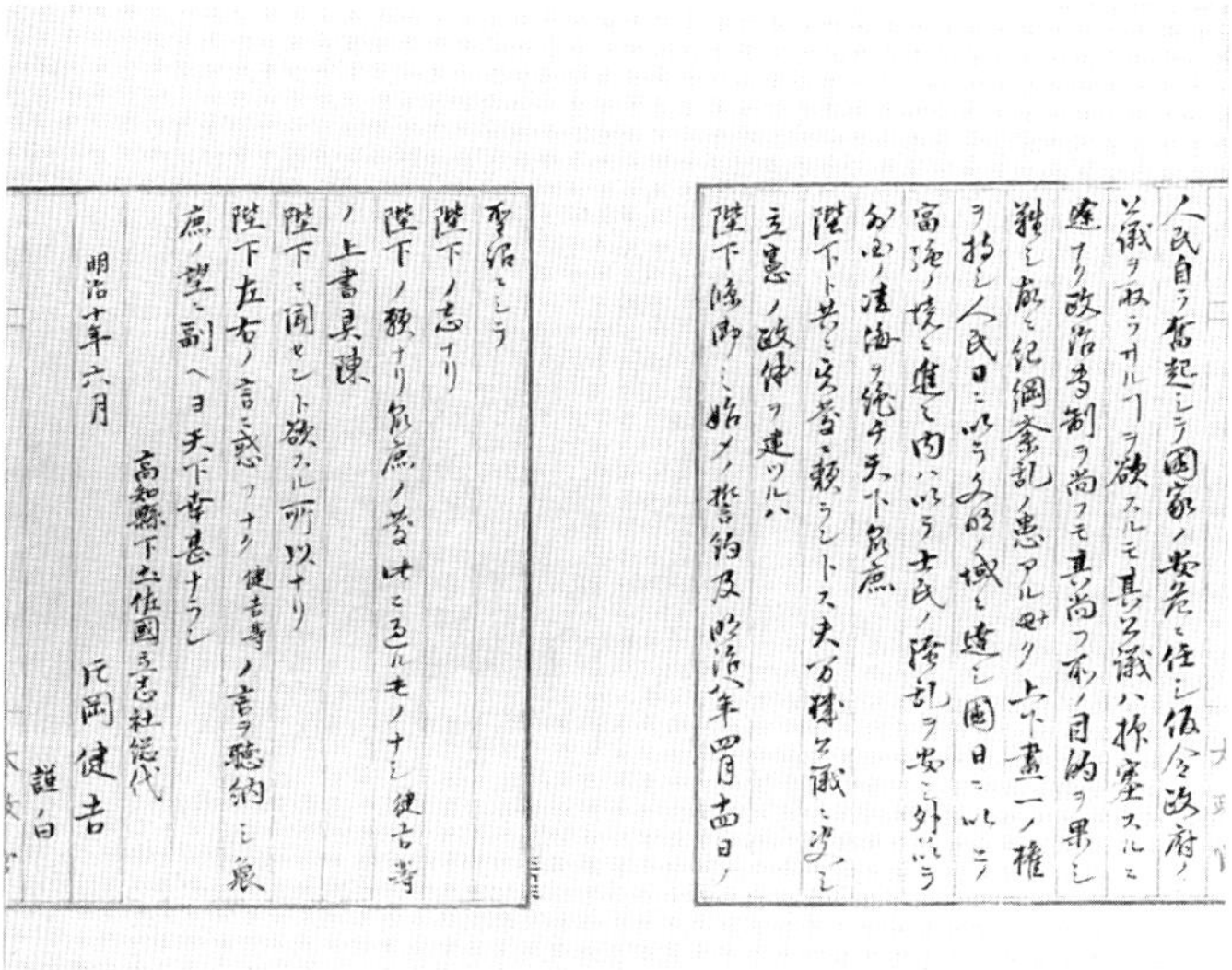

図８　立志社建白（明治10年６月，『三条家文書』〈国立国会図書館憲政資料

輝《てる》に比して、「牧師教師は霊界を談ずるもの、余等は即ち物界を処理するものなり、彼等は主として来世を論ず、余等は寧《むし》ろ先づ厳正に尽力せんと欲す、彼等は個人を済《すく》ひ、余等は国家を済ふ」と称している（「片岡健吉」）。

洗礼への道

さて、その後片岡は明治六年の政変で下野《げや》、愛国公党の結成に参画し、自由民権運動の狼煙《のろし》を上げる民選議院設立建白書を提出した板垣と共に故郷に帰って立志社を設立してその社長となり、明治十年の西南戦争に際しては、国会開設の建白書を提出したものの、社内の挙兵派に資金を提供したとして有罪判決を受け、いわゆる「立志社の獄」によって獄中の身となった。書物の差し入れは自由だったため、『伝道遡源《でんどうそげん》』や『聖書』を読み、「人生問題」や「宗教問題」について考え、苦悶し、キリストの人物には感服しつつも、まだその「神性」には納得できなかったが、一年半の獄中生活を経て釈放され高知に帰ったとき、そこで伝道していたのが例のタムソンとフルベッキ（Guido H. F. Verbeck）であった。当時立志社では毎週一回の定期演説会を行っていたが、そこに「アッキンソン」（John L. Atkinson）という宣教師も到来し、さらに神戸英和女学校の教師だった宇野作弥《うのさくや》と徳弘善明《とくひろぜんめい》が来県、彼らの説教を自身も聞きに行ったという。こうした取り組みの結果、キリスト教に改宗する者も出始め、片岡自身も自らの信仰の「近因」が生じたと述べている。獄中生活での苦悶の末、タムソンと再会し、さらに説教を聞き入ったことで、かつての「種」が芽を出してきたというところであろう（「片岡健吉」）。

かくして片岡は、「衷心より篤《あつ》く之を信仰するに至らんと冀《ねが》ひぬ」に至り、熱心に宣教師の説教に聞き入り、その研究に取り組むに至る。そして、いかに理性や人智をもって探求しても、「信じて拠つて立つべき一階段」を見いだされなければ、どうにもならないという境地に達した（「片岡健吉」）。その頃、タムソン、フルベッキに続いてミロル（Edward R.

Miller)、ナックス（George W. Knox）という宣教師が高知に来ることとなり、明治十七年十一月九日、片岡は自由党解党後の残務処理のため帰郷する途上で、ミロル、ナックスと船に同乗する機会を得た。高知到着後、片岡の斡旋で、二人は県内で聖書講義を開始して片岡の質問にも応じ、さらに植村正久《うえむらまさひさ》なども招いて積極的な伝道が展開される。実際、片岡の日記の明治十七年十一月から十二月にかけてはアッキンソンやナックス、ミロルと頻繁に会っていたことが記録されている（『片岡健吉日記』）。かくして片岡は明治十八年五月十五日、高知教会（現・日本基督教団高知教会）の設立に携わり、同日、ナックスから洗礼を受けるに至った。片岡はこの日の日記に、「米人ナックル氏ニ耶蘇《ヤソ》教《きょう》ノ洗礼ヲ受ル　同日高知教会ヲ立ル」と簡潔に記している（『片岡健吉日記』）。片岡はさっそく高知教会の長老となり、同年十一月二十四日には東京厚生館における基督教一致教会第三回大会に、高知教会を代表して参加し、翌月十五日

図9　新島襄（『近世名士写真』2より）

には新島襄と会った。高知教会は設立後まもなく、プロテスタントの一派である長老派の日本基督一致教会に加入している。なお、翌年の七月四日には夫人の美遊も受洗した。

回心、そして議会政治家として

保安条例

欧米視察を経て、軍事も政治も文化も宗教もまとめて輸入しなければならないという「非折衷」的泰西《たいせい》主義にたどり着いた片岡は、なお、宗教の外面性をのみ重視する立場から自らの信仰には立ち入らなかったが、理をもって追求することの限界を感じて、キリスト教徒となる道を選んだ。立憲主義と政治文化の移入、そして宗教的道徳実践と信仰の体得とが、葛藤の末に合致した恰好であり、これらは相互に非分離的・非折衷的なものとされ、優先順位を付けうるものではなかった。いわば「政治も宗教も」という泰西主義が片岡の内面において現実化したわけである。

片岡は、欧米視察を経てその移入の重要性を認識した立憲政治の導入という政治的実践

図10　保安条例による壮士退去の風景（『ゆめ路の記』より）

の過程で、さらなる信仰的展開を経験する。自由民権運動は、「立志社《りっししゃ》の獄」を経て、愛国社の再興、国会期成同盟の結成と在野の国会開設運動が盛り上がり、明治十四年（一八八一）には国会開設の勅諭が渙発《かんぱつ》され、日本初の全国的政党・自由党が結党されるが、わずか三年後には解党する。この間、片岡は立志社の社長、あるいは初代高知県議会議長、愛国社大会の議長、さらには国会期成同盟を代表しての建白書の提出、自由党結成への参画と、その中核となって活躍した。自由党解党後、後藤象二郎《ごとうしょうじろう》を中心に条約改正や地租軽減などを訴えて起こされたのが、三大事件建白運動である。政府はこれが暴動に発展するのではないか、といった警戒感から明治二十年十二月二十五日、保安条例を制定・施行、危険人物を首都圏から追放することとなったが、片岡は退去を拒否したため東京始審《ししん》裁判所で禁獄二年六ヶ月・監視二年の刑を宣告され、石川島の獄中に身を置くこととなった。

「罪」の自覚

片岡はいう。神が活ける父であることは知っていた。しかし、自ら「品行」を保ってきたという自負のある彼には、「罪」が容易に理解できなかった。これを確認できたのが保安条例による下獄の際であり、獄中で『聖書』を読み、「罪過の多き人間に相対し」、そして「絶対に神聖なる上帝の前にて反省すれば、亦《また》慚《ざん》愧《き》忸《じく》怩《じ》に堪へざるものあり」。人間界で品行が良く、あるいは犯罪を犯したとしても、「絶対に神聖なる上帝」の前には、等しく罪人ではないか。片岡はこうして自らの「罪」を発見したのである（『片岡健吉』）。明治二十一年五月三十日付で長男・啓太郎《けいたろう》に宛てた書簡には、次のように記されている。

> 神は罪人の祈を聞きて、多くの聖書を賜り、常に雅なる各書一章を読みて、感謝致し居り候間、其の信仰の有る所を察せられ度《た》く候。我、朝夕祈求む。汝等《なんじら》早く聖霊の感化を蒙《こうむ》り、洗礼を受けけん事を。（『片岡健吉先生伝』）

獄中にあって、神が罪人の祈りを聞き入れ、『聖書』を賜り、これを常に読んで感謝していること、そして、啓太郎らにも洗礼を受けるよう祈り求めているのがわかる。実際、片岡の孫・片岡健次は、「家族への手紙でも子供達に対して聖書を読むことを勧め洗礼を受けるよう言っていた。家族に対する伝道にも熱心であった」と証言している（片岡健次「祖父片岡健吉を語る」）。また、同年七月二十一日には妻に宛てて、「主の恩寵に依り、家内一同 悉《ことごと》く由《よし》なし。我等も同様にて絶えず主の慰を得、常に感謝到し居り候」と書き送り、獄中で信仰を深めていった様子がうかがえる（片岡健吉先生銅像再建期成会編『片岡健吉先生の生涯』）。監獄では隣房と合図を取り合いながら礼拝をしたり、『聖書』を読んだりしていたという。

これ以降、片岡は自らには「国家的使命」があると信じた。それは、「基督《キリスト》教文化の粋《すい》」を消化してこれを確信し、「東洋諸国を導くこと」であった。キリスト教への確信と、強い泰西主義への信念に裏付けられた使命感といえよう（「片岡健吉」）。

片岡は明治二十二年二月十一日に憲法発布の大赦令によって出獄し、十七日には横浜の諸教会の信徒による感謝会が「海岸教会」で開かれ、三月十六日には高知教会でも感謝会が催された。公権を回復した片岡は政治活動も再開し、翌年五月には板垣退助《いたがきたいすけ》を総理とする愛国公党を組織してこれに加わり、翌年七月一日の第一回衆議院議員選挙で当選（高知県第二区）して、帝国議会での政治家としての活動がはじまった。九月には立憲自由党が結成されて幹事となり、皇室の尊栄、民権の拡張、条約改正、政党内閣などを目標として掲げる。議会政治家としての片岡を支えていくのは、こうした政治的目標であり、また「国家的使命」であった。

「土佐派の裏切り」

明治二十三年十一月二十九日、第一回帝国議会が開会される。この議会では、政府が提出した明治二十四年度予算について、衆議院側が政費節減・民力休養の観点からその削減を試みて政府側と衝突し、解散か譲歩かという危機的状況に陥り、結局、片岡など土佐派といわれる議員が立憲自由党を脱党する形で政府と妥協し、予算案を成立させた。いわゆる「土佐派の裏切り」である。土佐派二十六名が自由党、改進党に背いて突然政府案に賛成を表明したのは明治二十四年二月二十日の本会議のことであり、

図11　板垣退助

二十四日に自由党を脱党、政府と交渉して削減額を減額することで妥協し、予算案を成立させたのは三月二日のことである。「敗北」して控え室に帰ってきた民党の代議士たちは号泣し、改進党の犬養毅《いぬかいつよし》は、これは「革命」だといったという（升味準之輔《ますみじゅんのすけ》『日本政党史論』第二巻）。

当時、「壮士」と呼ばれる院外団が傍聴席から殺気を込めたヤジを飛ばし、ステッキで代議士に打ちかかるなど、暴力をもって強硬な衆議院の姿勢を引き出していったとされ、脱党した片岡らが発表した「脱党理由書」でも、議員は国民の代表であるにもかかわらず、帝国議会の活動が「議定以外」の勢力によって決定され、党議が強制されていると批判している（『日本政党史論』第二巻）。もっとも、片岡を突き動かしていたのはこうした問題意識ばかりではなかったようで、第一議会という最初の議会で政府と議会が衝突して予算不成立で解散という事態になれば、欧米諸国は日本が立憲政治を運用できないと疑うことになりかねず、これは後世に禍根を残すことになるため、「和衷共同」の態度を取って、妥協に踏み切ったといわれている。実際、近代史研究者の村瀬信一は、東洋初の議会を世界中が注目しており、政府と議会が対立して議会解散という事態になれば西洋人に失望を与えて日本の面目を失することになる、といった認識が、「強迫観念」として「裏切り」

に走った土佐派のみならず、自由党内全体に浸透しており、これが政府に対する過度な対決姿勢を取ることを抑制する方向に働いたと指摘している（村瀬信一「第一議会と自由党―『土佐派の裏切り』考―」）。

祈り・政治・戦争

とりわけ片岡にとって、立憲政治の導入とキリスト教信仰の受容とは、「非折衷的」泰西主義という点において一体とされており、それは、片岡の内面においても実践されていた。すなわち、彼はこうした立憲政治下における政治的判断を、神に祈りながら下していったのである。『片岡健吉先生伝』によれば、脱党の際、片岡は「院内の基督信者と共に米国女教師イヤンメンの宅に祈禱会を開いて、所信の貫徹を神に祈った」。このため、世間からは「土佐派の裏切り」として批判を受けたが、片岡自身は「一点後ろ暗いことの無かった」という。第一議会が閉会したときも、院内の信者とともに諸教会の牧師を招待して感謝会を開き、とりわけ高知出身議員たちは片岡のための感謝会も開いている。片岡は明治三十一年に衆議院議長となっているが、議場に入る際も頭を下げて神の来臨と指導とを祈り、議長席では「爾《なんじ》の敵を愛せよ」というキリストの言葉を祈ったといわれている。

では、政治的立場と信仰的立場とが衝突するようなとき、片岡はどちらを優先すべきだと考えていたのだろうか。片岡を議長に推薦する同志からは、当選の妨げとなるため、教会の長老を辞してもらいたいと片岡に頼んだが、「何《いず》れか其の一を選べとならば、予は議長よりも寧《むし》ろ教会の長老たるを欲す」と言下に答えたという（『片岡健吉先生伝』）。政治と信仰とは一体であり、それは生涯のポリシーであったが、もしこれが競合する場合、優先すべきは迷わず後者とされていたようである。

この間の明治二十七年八月一日に日清両国が宣戦布告し、日清戦争がはじまった。片岡にとっては、「国家的使命」を果たす絶好の機会と捉えられたようである。片岡は述べている。日清戦争は、国内においては「惰性」に陥る国民を「覚醒」して風教を革新し、国外においては「清韓の東洋的汎神的文化を討滅するの第一歩たらしむべきを信ぜり」。自分が日清戦争に積極的に協力したのはこのためであり、「神の我国に負はせ給ふ特命」を信じるがゆえであった、と。この回想が語られたのは明治三十年二月のことであり、片岡は、こうした「天意」を全《まっと》うできるかどうかを「戦後頻《しき》りに心を労す」と述べている（『片岡健吉』）。

こうした片岡の日清戦争観をより詳細に示したものとして、明治三十年十一月二十八日の一番町教会青年会における演説「東洋の前途如何《いかん》せんとするか」がある。ここで片岡は、次のように述べている。日清戦争は「弱小なる朝鮮の独立を扶植し、膨大なる清国の頑眠を攪破し、東洋の天地に天明人道を樹植するの義戦」であったが、その終結後、日本はその職分を果たしたといえるだろうか。欧州列強は東洋侵略を画策するなかにあって、日本はアジアにおける「超越せる地位」から、風紀道徳を立て直し、「神の聖旨」に従って清国や朝鮮を導かねばならない。そのために必要なことは、「支那朝鮮にも伝道区域を拡張して、広く福音を宣伝」することである、と（『福音新報』明治三十年十二月九日付）。

こうした日清戦争観は、短期的には戦争協力を、中長期的には国内外におけるキリスト教布教の拡大を意味していたものであろう。実際、日清戦争期の片岡の日記をみると、明治二十七年七月二十四日条の「朝鮮ニテ戦端を開電報　夜大阪信徒祈禱会を青年館ニ開」からはじまり、全国を飛び回りながら、戦状の知らせを受けては祈禱会を催し、教会に足を運び、板垣などと連絡を取り合い、政談演説で熱弁を揮《ふる》い、戦没者遺族に見舞金を送り、議会開会中はこれに出席し、凱旋将兵を迎え、といった生活を繰り返していたのが確認できる（『片岡健吉日記』）。

明治二十七年十二月には「基督教徒高知同志会総代」五名の筆頭として、出征軍に慰問状を送っているが、それは、陸海軍将兵が戦勝を重ねていることを絶賛し、高知県下でも

「我が基督教徒も亦《また》、男と無く女と無く皆一致して諸君の為に早起教会堂に会して祈禱を為しつゝあるなり」と述べ、「今回の征清は実に義戦にして天の祝福する所なり、天に従ふ者は勝ち天に逆ふ者は敗す、是《これ》古来人類の実験也」と激励したものであった（『基督教新聞』明治二十八年二月一日）。明治二十八年四月十日には、自由党戦況視察及び遠征軍慰問団の一人として旅順《りよじゆん》から遼寧省の営口《えいこう》（日本軍の占領地）に向けて出発し、途中、乗船が警備艦に衝突して座礁するという危険まで味わっている（救助船に助けられて一行は無事営口に到着し、現地の各部隊を訪問して戦況を視察しつつ激励、五月三日に帰国した）（『読売新聞』明治二十八年四月二十七日付、『東京朝日新聞』明治二十八年四月二十七日、三十日、五月五日付）。それが彼なりの「国家的使命」の果たし方だったのであろう。残念ながら明治三十年の日記は残されていないが、三十一年の日記をみても、一月一日には板垣を訪問して新年の挨拶、二日には番長教会へ、からはじまって、政治活動と宗教活動を交錯させる多忙な生活スタイルに基本的な変化はみられない（『片岡健吉日記』）。

宗教法案

以下、片岡の国内政治への関わりについてみていきたいが、個別の法案や予算などについての態度をすべて追っていくのは紙幅の関係から困難なため、特に宗教と関係のある問題についてのみ取り上げておきたい。

明治三十二年十二月九日、帝国議会に宗教法案が提出された。明治二十七年七月十六日の日英通商航海条約調印にともなって日本は部分的に条約改正を実現すると同時に外国人の内地雑居を実施することとなり、外国人の宗教の自由も認めたことから、キリスト教を正式に宗教として承認する必要が生じ、内務省は明治三十二年、省令第四十一号を発してキリスト教を公認した。実はそれまで、明治政府はキリスト教を正式には公認しておらず、欧米諸国に気を遣いながら警戒も続けるという、「黙許」という態度を取っていたのである。その上で、政府はそれまで民法上の法人として認められていなかった宗教団体を法人化する宗教法案を提出する。

図12　山県有朋（『御大礼記念写真帖』2より）

提出された法案について、山県有朋《やまがたありとも》首相は貴族院で、憲法が信教の自由を保障している以上国家は「信仰ノ内部」には干渉しないとしつつ、寺院・教会の設立や教規・宗則といった「外部」に現れた側面については、「国家ハ之ヲ監督シテ、社会ノ秩序安寧ヲ妨ゲズ、又臣民ノ義務ニ背カザラシメントスルコトハ、是レ国家ノ義務デアル」として、「宗教法案ハ……社会ノ風教ヲ維持スル上ニ於テ、一層ノ便利ヲ与ヘタモノデアリマス」と語っている（『帝国議会貴族院議事速記録』一六）。明治憲法二十八条の規程をふまえつつ、宗教を保護監督し、その統治における「有用性」に着目したものだが、法案は、内地雑居に伴うキリスト教の公認・取締という意図も含んでいた。

具体的には、宗教団体が法人となりうることや租税の非課税を規定する一方で、寺、教会の設立には主務官庁の許可が必要とし、教会、教派、宗派などの宗教団体を主務官庁が監督するほか、事務報告の徴集や事務検査、その他必要な命令を行うことができるなどと規定していた。「教師」は政治上の運動を禁じられ、宗教上の集会にも届出が必要とされたが、この法案は神道、仏教、キリスト教など各宗教を同等に扱うところに特色があり、このため仏教側は自らを公認とし、キリスト教には法人格を与えないという立場から反対の姿勢を示して、結局法案は貴族院で否決された。

議案は貴族院で先議され、かつ否決されているため、衆議院では審議されていないが、キリスト教信徒側では同法案への対応に当たり、片岡に相談すべく神田の青年会館で相談会を開き、片岡は彼等の意見を聞いた上で、キリスト教に関する部分の合意のため院内で斡旋にあたったといわれている。片岡としては、『毎日新聞』が「自由党内には片岡健吉、江原素六《えばらそろく》諸氏を初め代議士間にも本案を賛成する者頗《すこぶ》る多く」（『毎日新聞』明治三十二年十二月二十五日付）と伝えているように、各宗平等を謳う同法案には基本的に賛成であったと思われる。

片岡の日記には、明治三十二年十二月十八日条に「神田青年館へ宗教法案ノコトニ付相談会アリ出席」（『片岡健吉日記』）とあるが、この日はさまざまな意見が出されて意思決定には到らなかった（『時事新報』明治三十二年十二月二十日付）。日記の二十日条によると、この日は貴族院に傍聴に行き、東邦協会の評議員懇親会に貴族院議長の近衛篤麿《このえあつまろ》を招待している（『片岡健吉日記』）。宗教法案についての情報収集や斡旋のためであろう。

『東京朝日新聞』（明治三十二年十二月二十一日付）は、憲政党では「片岡健吉、江原素六等の諸氏が基督教信者なるが故に、無論仏教公認に賛成する理由ハなきも、二、三人を除き党員悉く新法案に多少の修正を加へんとする意向なり」として、近日中に政務調査会で党議を集約する予定であると伝えている（『東京朝日新聞』明治三十二年十二月二十一日付）。十二月二十一日に開催されたキリスト教徒間の協議には片岡、江原ほか二十名余りの信徒が集まり、結局、「政府案に数箇条の修正を加へ、其他ハ賛成する事と、其修正箇条を調査し、且《か》つ修正通過に尽力せしめん為、左の委員五名（本多庸一《ほんだよういつ》、西原清東《さいばらきよき》、小崎弘道《こざきひろみち》、押《おし》川方義《かわまさよし》、井深梶之助《いぶかかじのすけ》—引用者）を選挙」したという（『東京朝日新聞』明治三十二年十二月二十三日付）。基本的には政府案に賛成だったことが理解されよう。

法案は翌年二月十七日に貴族院で否決されるが、この間の十二月二十七日には、片岡が宗教法案の所管大臣である西郷従道《さいごうつぐみち》内務大臣のもとを訪問して対談した（『東京朝日新聞』明治三十二年十二月二十八日付）。おそらく法案の修正に関することであろう。翌年一月十一日には神田青年館で「福音同盟会総会」が開かれ、右の五名の委員から提出された案が決定された。それは、法案には基本的に賛成するものの、官庁の処置に不満がある場合は行政訴訟を起こすことができるようにし、教師の政治上の運動を禁止する規定を削除する、といった修正を求めるものであった（『時事新報』明治三十三年一月十二日付）。片岡としてはこうした方針に沿って合意形成をすべく周辺に働きかけていったものと思われるが、先述のとおり、法案は貴族院で否決されるにいった。

ここからうかがえるように、こと宗教に関する問題については、衆議院議長というより、一キリスト教者議員として精力的に行動していることがうかがえよう。日記をみると、当時片岡は「病気」で行動もままならないようだったが、右のように奔走し、板垣退助や坂《さか》本直寛《もとなおひろ》、江原素六などと情報交換をしながら、十二月二十四日の日曜日には教会へ行ってクリスマスの演説をしている（『片岡健吉日記』）。かかる姿勢が、後述するような社会的活動にも接続していくものと思われる。

武士道とキリスト教

「基督教ト武士道」

片岡は明治二十八年（一八九五）七月四日に、ある教会で「基督教ト武士道」と題する演説を行っている（『片岡健吉日記』）。かつて、武士的な倫理的行動基準のもとに育てられ、それに対する固執故にキリスト教の外面性に惹《ひ》かれつつも、その内面性への関心が遅れたことは、すでに述べた。では、内面においてキリスト教を受け入れた後の片岡にとって、武士道とキリスト教とはいかなる関係を有していたのであろうか。

片岡自身、演説の冒頭で「余は封建武士の遺物にして兼ねて又基督教の信者なり」と自負し、武士道とキリスト教の双方の影響を受けてきたと告白している。そして、「常に感ずるは両者類似の点の多き」ことであると述べ、その類似点として、生命を賭して君主や神の前に生きる姿勢、体面・礼儀・品行・読書を重んずる点などを挙げ、主君山内家の示す武士の心得（忠孝・風俗・文武の励行）を藩士が遵守することと、キリスト教徒が教会の規約を守る敬虔さとの類似性を強調した。男子が帯剣を怠ることがないもの、キリスト者が『聖書』を常に携えているのと同様であり、「基督信徒は最も高尚なる武士に非《あら》ずや」と評する片岡は、武士は剣をもって「恥辱」を守り、キリスト者は『聖書』をもって「悪の霊」と戦う。武士は脱藩を許さず、教会は脱会を許さず、武士は「士道」に背いた際には腹を切り、キリスト者は「情欲」との戦いに生命を賭ける、という。こうして、武士道とキリスト教の共通点を、その外面性と内面性の双方から見いだした上で、片岡は「武士道は即ち小なる神（君父）に敬事するを主とし、基督教は即ち大なる君父にも亦《また》忠孝を竭《つ》くす」とまとめ、この両者は日本において、いわば「世代交代」してきたと述べる。武士道が廃れて品行が大いに乱れる昨今、「基督教を信ずるに及びて武士道に代わるべき感化力を得たり」、と（片岡健吉「封建武士と基督信者」）。

片岡は明治三十四年頃、『読売新聞』の記者に家庭についての談話を求められた際も、昔は武士道があって「忠孝」を基本として教育し、それが廃れてから「定規」がなくなったが、「私は基督教を信じてからといふものは、武士道と同一義のものであることを発見したから……天が我々に職を授けた以上は、我々は其本分を守つて誠を神に捧げ、一に聖書に依つて正邪を判断しなければならぬ。体面の一事も基督教の方には能《よ》く行はれてゐて、破廉恥のことを為《す》れば一般信者の汚れになると云ふ念慮から、何事も謹慎する形になる」として、「私が議長の職を奉じて別段の誤《あやまち》もないのは全く基督教のお陰で、又基督信者でなければ、迚《とて》も勤まるまいと思ふこともある」と語っている（読売新聞社編『家庭の教育』）。片岡は「封建武士」として二十五年間を生きた。その教育と経験とは、人生においてきわめて大きな影響を残したことは、いうまでもない。そして、この片岡の理解する「武士道」がキリスト教と通じるという理解が深まる過程こそが、同時に、彼自身のアイデンティティーがクリスチャンのそれへと転化していく過程でもあった。

内村鑑三の存在

武士的キリスト教といえば、誰もが思い浮かべるのが内村鑑三《うちむらかんぞう》であろう。これまで頻繁に引用してきた片岡の回想を収めた『実験上の宗教』の序文を書いているのは小崎弘道《こざきひろみち》、植村正久《うえむらまさひさ》、そして内村鑑三であり、内村は、小説とは異なった「実験」が人類の脳と霊とを養い、「基督信徒の実験談」を集めた本書こそが、信仰の敬虔さに寄与すると歓迎していた（『実験上の宗教』）。内村と片岡とは、そう遠くない位置にいたのである。

内村は、片岡と同様のタイトルの説教「武士道と基督教」（『聖書之研究』第三三九号、大正三年十月十日）において、キリスト教は神の道であり、武士道は人の道であって、前者は完全で後者は不完全ではあるが、後者は神の道を知るまで、内村にとって「世界無二の道」であり、「私供《（ママ）》日本人に取りては実に尊い道」である、という。武士道は「神が日本人に賜ひし尊き光」であると信じる内村は、武士道には切腹・正直・勇気、そして敵から逃げず、敵の弱みを突かず、むしろ敵に塩を送る、といった、キリスト教に似た「尊き教」があり、そのゆえに日本武士はキリスト教に接すれば自ずと惹かれざるをえず、実際、「明治の初年に当つて多くの日本武士が此《この》精神に由りて基督信者に成つたのであります。沢山《さわやま》保羅《ぽうろ》、新島《にいじま》襄《じょう》、本多《ほんだ》庸一《よういつ》、木村《きむら》熊二《くまじ》、横井《よこい》時《とき》雄《お》等は凡《すべ》て純然たる日本武士でありました。彼等はイエスの武士気質に牽かされて其従僕となつたのであります。教養や信仰箇条は彼等に取

図13　内村鑑三

り後の問題でありました。彼等は孰《いず》れも先づイエスの武士らしき人格に憧れたのであります」と記している。そしてあくまで、「基督教の供する勇気が武士道の供する勇気に遥かに優つてゐた」のであり、「武士道はキリストの福音の如く敵を愛するまでには到りません」と、キリスト教こそが上位に位置付けられた（鈴木範久編『内村鑑三全集』第三十一巻）。内村は武士道を日本の最善の産物であるとして、その土台の上にキリスト教を植え付けたものが世界最善の産物であり、世界を救う力がある、とも語った。内村が武士に見いだした最大の価値は「品性」であり、それゆえに非道徳的な外国人宣教師を嫌ったのである。

片岡も内村も、武士道の持つ道徳的規範がキリスト教に通じるとした上で、キリスト教をより上位概念として捉え、それぞれの立場から、その実践を追求した。正宗白鳥《まさむねはくちょう》は内村の演説を評して、「その語調、論鋒が、戦闘的で、相手を睨んで刀を揮《ふる》つて、今にも斬りつけんとするやうな意気込みが見られるのである」と述べた（正宗白鳥「内村先生追憶」）が、まさに片岡のいう剣に代えて『聖書』をもって「悪の霊」と戦う姿が、そこにみられたというべきであろう。

武士道やキリスト教に加えて、片岡を支えた精神的支柱が、維新志士の精神であった。片岡は、明治三十三年十二月に開催された水戸政友会支部発会式において、「水戸の勤皇と土佐」と題して懐旧談を語り、「水戸は勤王の唱首にして維新改革の鼓吹者たり。……我が土佐藩の如き微力ながらも、其力を勤王に効し、維新の大業を成就し当時三藩の列に加はるを得たる所以《ゆえん》のものは、其啓発を水府《すいふ》に受くるもの多きに居る」と水戸の勤王精神を讃えた上で、自由民権運動に対する弾圧・迫害を受けながらも、その戦いを続けた往事を回顧して、「常に予輩の志を励《はげま》したるは、実に維新期に於ける水戸志士の苦節なりき」として、次のように述べている。「水戸人士の勤王を呼号して幕府を忌む所となり、而《しこう》して彼が如く其苦節を全《まつと》ふしたり。今我自由主義を標《ひょう》渺《びょう》して此の迫害に逢ふも豈《あに》水戸人士の如く之を忍ぶことを得ざらんや」。迫害を乗り越えて水戸の志士が維新前の「天職」を果たした以上、自らも維新後の「天職」を果たしたい、「其難に殉するの精神も亦一《またいつ》ならざるべからず」と、片岡はいう（「水戸の勤皇と土佐㈠～㈣」『土陽新聞《どようしんぶん》』明治三十三年十二月二十五日付～二十九日付）。維新志士の迫害を厭わない殉国的精神が維新を実現した以上、自らも迫害に堪えて、自由主義という維新後の理想を果たそうとしてきた、というわけである。水戸の人々に向けたリップ・サービスの面もあろ

維新志士の精神

うが、志士として精神が片岡の支えの一部になっていたことは事実であろう。

武士道、志士精神、そしてキリスト教。多分に自らの体験によって再解釈を加えられたそれらが、片岡の政治的生活を支えていたのである。

同志社社長へ

片岡は議員として東京在住中、芝教会に所属し、日曜日の礼拝や各種の集会、祈禱会には忠実に出席した。このほか、番町、数寄屋橋《すきやばし》、銀座、日本橋、築地、霊南坂《れいなんざか》、三田などの各教会の席上で祈禱や説教をしている。議長在任中は官舎に宗教研究会を設けて植村正久《うえむらまさひさ》などの牧師や教師の説教を聞き、さかんに質疑応答を行っていたという。愛媛（明治二十七年）、広島（明治二十八年）、高知（明治二十八年）、と地方での伝道演説も試みており、青年教育にも力を入れ、政治演説の合間を縫っては各地の学校を廻り、自らの体験談や信仰について語ったといわれている。このため、明治三十四年十月十四日には日本基督教会伝道局総裁、翌年一月十四日には東京青年会理事会会長となり、その前日には同志社の四代目社長であった西原清東《さいばらきよき》（高知出身で衆議院議員。片岡の宗教研究会にも参加していた）が神学研究のため欧米に留学することとなったため、五代目の社長に就任するよう要請を受け、三月二十四日に片岡は承諾した。

片岡自身は当初、自分は社長には不適当だと躊躇したが、教授会や理事会からの懇請によってようやく引き受け、就任式の際には感動を込めた祈りを捧げたという。ただ、同志社の学問的支柱であったドウェイト・ラーネッド（Dwight W. Learned）は明治三十六年一月に記した書簡で、片岡について、キリスト教信仰を持った最高の人物であり、全国的に評判の高い人だと記しながらも、同時に、衆議院議長も兼ねているため、学校にさける時間が限られているとして、あくまで「飾り物」だと書いている。それでも、片岡は就任以来、学校の宗教的性格の強化と学生の訓育に力を入れ、同志社普通学校と同志社女学校の生徒に対し、チャペルの出席を必修とした。京都滞在中は事務所に隣接した寝室で起居して教員や学生との対話に努め、講話や講義も行ったという。高知市立自由民権記念館寄託の「片岡家資料」には、「学生への訓示草稿」と題された原稿が残されているが、片岡は学生に対し、学問の目的は自己の知徳・体力を増進させて国家社会に貢献することにあるとし、国力の発達、国家の品性および公共の観念の向上を「今日以降の急務」として語っていた（「(学生への訓示草稿—その一カ)」〈「片岡家資料」高知市立自由民権記念館寄託〉）。ともあれ、同志社側としては政治から手を引いて社長職に専念してほしいというのが本音だったようで、あくまで政治にこだわる姿勢には失望感も強かったようである。

永　眠

こうした「政治も宗教も」という二足の草鞋《わらじ》は片岡自身にも重い負荷を与えたようで、明治三十六年三月一日の総選挙で再選を果たしたあと、同志社を訪れた際に急性の消化不良を生じて倒れ、三月二十三日に入院、一時は退院したものの、再び病状が悪化し、結局、十月三十一日に死去した。その直前には家族に賛美歌を歌わせ、牧師の短い祈りを受け、孫の手を取りながら永眠したといわれている。片岡は死の直前まで職務に就いており、十月十日には「私立同志社専門学校設置之議ニ付稟請《りんせい》」を文部省に提出している。同年三月二十七日に勅令として発令された「専門学校令」に基づき、同志社高等学部の授業内容がこれに則したものであるとして、「私立同志社専門学校」として授業を行いたい旨申請したもので、片岡の死後、下村孝太郎臨時社長が翌年三月十日付で認可書を受領した。

十一月五日に高知教会堂で行われた葬儀では、高知県人総代・山本幸彦《やまもとゆきひこ》（衆議院議員）、日本基督教会伝道局総代・吉岡弘毅《よしおかこうき》、同志社理事総代・松山高吉《まつやまたかよし》、同理事・デービス（Jerome D. Davis）、同志社教職員総代・和田琳熊、同志社女学校総代・千葉勇五郎などが参列し、東京では同日に神田青年会館で追悼会が営まれ、女子学院の生徒が賛美歌を歌い、『聖書』が朗読されるなか、板垣退助《いたがきたいすけ》、箕浦勝人《みのうらかつんど》（憲政党惣代）、杉田定一《すぎたていいち》（立憲政友会惣代）、

林《はやし》 有造《ゆうぞう》（土佐政友会代表）、植村正久、井深梶之助《いぶかかじのすけ》、小崎弘道などが参会して弔辞を朗読し、江原素六《えばらそろく》が挨拶し、本多庸一が祝禱した。弔慰を示した書簡は、千家尊福《せんけたかとみ》、清浦奎吾《きようらけいご》、志賀重昂《しがしげたか》、島田三郎《しまださぶろう》、長岡護美《ながおかもりよし》、土方久元《ひじかたひさもと》、芳川顕正《よしかわあきまさ》、寺内正毅《てらうちまさたけ》、岩村高俊《いわむらたかとし》、岩村通俊《みちとし》、大森鐘一、黒田長成《くろだながしげ》、高田早苗《たかたさなえ》、伊達宗徳《だてむねえ》、徳川達孝《とくがわさとたか》、渡辺千秋《わたなべちあき》、岡部長職《おかべながもと》、三好退蔵《みよしたいぞう》、山県有朋《やまがたありとも》、金子堅太郎《かねこけんたろう》などから寄せられている。現役の衆議院議長兼同志社社長として没し、その生涯を政治、信仰、教育に捧げた片岡を象徴する恰好となった。高知教会では午後一時から賛美歌、『聖書』朗読、祈禱とはじまり、牧師の多田 素《ただしろし》が演説した。多田が強調したのは、片岡の「死」に対する姿勢だった。片岡はかねて、「死に対しては何等の恐怖を有せず」と語っていたとして、多田はその「人格の高き」を讃えたが、たしかにこの人物の「人格」は一貫してその政治・信仰人生を支え、そして、「死」に対する姿勢は、武士的キリスト教徒をもって自任した片岡の面目躍如たるものがあった（松永文雄編『片岡健吉』、『片岡健吉先生の生涯』）。

　こうした片岡における信仰と政治のあり方、あくまで「信仰も政治も」という二足の草鞋を履き続け、これを非折衷的泰西《たいせい》主義としてまとめて受容していた姿は、片岡と交際が深かったクリスチャン民権家・政治家の加藤勝弥《かとうかつや》が、信仰のための政治か、政治のための信仰かで葛藤したのとは、趣を異にしている。板垣のようなプラグマティックなキリスト教観とも、やはり色合いが違う。片岡と同日に、やはりナックスから受洗し、長く共に高知教会長老として歩んだ坂本《さかもと》直寛《なおひろ》の場合はどうだろうか。坂本も三大事件建白運動に参加して保安条例によって退去処分を受け、石川島監獄に収監、獄中で信仰を深め、出獄後に衆議院議員に当選、と片岡と似た経歴をたどっているが、明治二十九年に政界に失望して政治活動を断念、北海道開拓に乗り出して伝道と開拓に専念し、明治四十四年に死去している。熱烈な信仰をもってその自由主義的政治思想を理論化した坂本だが、その熱烈ゆえに現実政治に絶望し、北海道という新天地を求めた。ここに、政治の現実にこだわり続けた片岡との決定的な相違点がある。

　その意味で、片岡は現実政治とキリスト教信仰の二足の草鞋を、共に血がにじむまで履き続けた希有な人物であったといえよう。

「賊軍」から青山学院長へ

本多庸一

本多の生涯——出生、修学、洗礼へ

本多という人物

本多庸一《ほんだよういつ》は、近代日本を代表するキリスト者として、ひろく知られている。東京英和学校長・青山学院長を長く務め、社会的な活動や発言についてもきわめて積極的であった。筆者はかつて日露戦争時におけるキリスト教界について論じた際、桂太郎《かつらたろう》首相が本多庸一と面会し、キリスト教界に戦争協力を依頼した事実を記したことがある。当時にあって、本多は日本のキリスト教界を代表する人物であり、実際に本多は主だったキリスト者を結集して戦争に動員する体制を構築し、自ら戦地に赴いて伝道に励んでいったのである。

こうした意味で、これまでの本多研究は、岡田哲蔵《おかだてつぞう》と青山学院・気賀健生《けがたけお》による伝記のほかは、キリスト者・教育者としての思想・活動に焦点をあてたものが中心であった。本書では、従来のキリスト教思想・教育思想の観点から本多をあらためて論じようとは考えていない。本多は嘉永元年（一八四八）に津軽藩の士族の家に生まれ、横浜留学中の明治四年（一八七二）に洗礼を受けて後、弘前で教会の牧会活動を展開しながら自由民権運動に挺身《ていしん》し、青森県会議長として活躍した。そして牧師の道と政治家の道とに迷った末に、前者を選択し、帝国議会開会の年（明治二十三年）、東京英和学校長に就任する。では、本多はなぜ信仰者と政治家との間で葛藤し、その両立を断念し、どのような信仰の道を選んだのか。遺憾ながら、これまで、こうした点に踏み込んだ研究は行われてこなかった。

図14　本多庸一（『（本多記念）青山教会五十年史及懐古録』より）

そこで本書では、本多庸一のキリスト者としての活動・思想について考察し、その上で、これと政治活動との葛藤の内実、そして選びとった信仰の道、その後の政治との関わりについて考えたい。また、前章において片岡健吉の思想を考察した際、その内部において、武士道とキリスト教とが深い関係を有し、片岡自身がそれを強く意識していたことを確認した。そこでここでは、津軽士族たる本多における武士道とキリスト教の関係についても、視野に入れてきたい。

出生と成長

嘉永元年十二月十三日、津軽藩弘前城下で、本多庸一は父久元、母とも子の長男として誕生した。本多家は三河以来の徳川家臣で、三百石の名家であった。五歳のときから儒学を学びはじめた本多は、十歳から藩校稽古館《けいこかん》に進み、優秀な成績を修めて十二歳で特選によって会読席（上級）となり、剣術、馬術、砲術なども学んで、一種の藩士エリートコースを歩んでいった。慶応元年（一八六五）、十六歳で稽古館司監兼手廻書院番職に抜擢されて藩吏の道を歩みはじめ、戊辰戦争《ぼしんせんそう》に際しては旧幕府側に立った庄内藩との同盟締結にあたって使者の役割を果たしたという。弘前藩は結局新政府軍側につく形になったため、本多はいわば左遷される形で函館に出張を命じられた。この際、本多は庄内藩との盟約を重んじるとして切腹を申し出たが、これが許されないと脱藩し、庄内藩に加わって新政府軍と交戦した。その後、脱藩の罪を許された本多は明治元年暮れに津軽に帰り、藩政に復帰、弘前藩の藩政の中核として会議局が設けられると、その十人の議員の一人に選ばれた。

キリスト教との出会い

この頃、本多ははじめてキリスト教と接している。明治三年、漢訳の『聖書』と出会ったのである。本多自身は、友人が横浜から持ち帰ったものを好奇心から借り受けて読み、天地創造のくだりに強い衝撃を受けたと述べている。ただ、このときはこれ以上キリスト教に深く関わることはなかった。この年、弘前藩は前途有望な藩士六十名あまりを選んで横浜や長崎、薩長などに留学させ、洋学や英語を学ばせることとなり、本多は横浜に赴くことになった。横浜で宣教師「ギョナタン・コーブル」「ヘンリー・ルルミス」などに就いて英語を学び始めた本多は、ジェームズ・バラ（James J. Ballagh）と出会うことになる。バラは横浜で英語教育や『聖書』の教授に努め、私塾を開いて自然科学や文学、歴史などを教えていた。英語のみを学習しようとした本多だったが、宣教師と接するなかで、自然と『聖書』にも触れていくことになる。本多はこの間の経緯についてのちに、次のように回顧している。

> 一八七一《（ママ）》年に、私は留学のため横浜に行った。ここで、私はアメリカの宣教師たちと接触する機会を得たが、そこでは毎日他の勉強をする前に、聖書を学ばなければならなかった。最初から、私は神の存在を信ずる信仰を受け入れることはできたが、多く

図15　植村正久

の点で賛同できず、キリスト教に反発を感じた。（"My Own Convertion" 高木壬太郎『本多庸一先生遺稿』所収。原文は英文のため、筆者が翻訳した）

この反発を和らげたのが宣教師の「Kindness」であった、と本多は続けて語っているが、こうした複雑な感情を抱いたため、明治四年に廃藩置県が断行され学資を失った結果、弘前に帰ることになる。郷里に帰り、主家が没落し、武士もその地位を失ったなかで、本多は郊外に退いた自宅で、非常に謙虚な気持ちになり、人間の本来の姿を追い求めるに至ったといわれている。その際に念頭に浮かんだのが、あの『聖書』の教えであった。罪人としての自覚と責任。それを強く実感したとき、本多は再び横浜に向かい、明治五年二月、再びバラの塾に入門し、キリスト教について学び、祈り求める日々を、植村正久《うえむらまさひさ》や押川方義《おしかわまさよし》、そして井深梶之助《いぶかかじのすけ》などとともに送り、同年五月三日、本多はバラから洗礼を受け、二ヶ月前にできたばかりの日本基督《キリスト》公会に参加した。同会は、福音主義に立ちながらも、特定の宗派には属さず、あくまで『聖書』を信じるものによる共同体として独立自治主義を標榜する団体であった。いわゆる、横浜バンドの結成である。翌年頃からは日曜の午後に神奈川に伝道に出かけるようになり、本多も説教に臨んでいる。八年には新設された横浜新会堂の「開廷式」にあたり、「切に要する処は諸兄弟各自一塊の煉火石となり、互に憂へ、年度を以て相接続して、霊なるの会堂を作るべきを説き、以て祝詞に替へたり」と、当時の書簡に記している（本多繁「本多庸一未発表文献」）。

思案橋事件

明治九年、士族反乱未遂事件である思案橋事件《しあんばしじけん》が発生した際、その計画を政府側に密告したと疑われた本多は、身を隠すように弘前へと帰った。帰郷した本多は、藩校稽古館の後身である東奥義塾《とうおうぎじゅく》の塾頭となり、教育と伝道に努めることとなる。東奥義塾では生徒への教育のほか、美術品や物品などの博覧会や、演説・討論などを練習する「文学会」などが催され、女子部を開設して女子教育にも従事した。明治九年の明治天皇巡幸の際には、本多が御前にて英語唱歌、講演、作文の実演などを行っている。東奥義塾では当時、教師として招聘《しょうへい》されたメソジスト派監督教会の牧師ジョン・イング（John Ing）などの影響もあり、英学と政治学とが中心的に教授され、民主的代議政治の精神や聖書講義などを積極的に行っていたといわれている。

図16　思案橋事件（『西南鎮静録』下より）

本多自身はこの帰郷を地方伝道の嚆矢《こうし》として自認しており、イングとともに聖書教室や講演を行い、次第に一般市民へと浸透していき受洗者もうまれていった。本多の弟、斎《いつき》と武雄も明治八年に洗礼を受けている。浸透と同時に反発も起こり、本多は教会と学校との分離を余儀なくされて、新たに教会堂が本多の自宅に設けられた。これが、今日の弘前教会の発端とされる。当時、青森において「ヤソ」となることは、かなりの偏見を受けるものだったようである。本多自身は、教会堂設立とともに「弘前公会」（弘前日本基督公会）を正式に設立し、横浜から独立する形で活動を展開した。当初は超教派主義をとっていた弘前公会だが、やがてその所属を決めざるを得なくなり、イングの影響もあってプロテスタントの一派・メソジスト教会に所属することとなった。所属を決めざるを得なくなったのは、超教派主義を継続していては教会運営が維持できないと判断されたためだったようで、実際、明治九年一月十五日にバラに宛てて出した本多の書簡が近年みつかっているが、そこには、現在二十四名会員がいるという弘前公会の現状、イングの働きぶり、東奥義塾の経営に困窮していること、そのために援助を求めていること、などがつづられている（山本博「本多庸一のバラ宛ての英文書簡」）。もっとも、こうした教派の選択が、教派間対立、さらにはキリスト教伝道への支障を来すことを本多は強く懸念しており、同年十二月頃に横浜公会の奥野昌綱、吉田信好、バラ宛ての書簡で、「衆議改革の上メソジスト教会に連結すべきに一決いたし候……現今当地他の教会無きにより暫く連結すべし」と、弘前教会のメソジストへの所属を暫定的なものとして理解を求めた上で、教派間の対立が発生することを懸念して、これが「最要至大の一重点なる救世弘道の術《すべ》を忽《ゆるがせ》にするの憂無きを保せんや」と記している（気賀健生「本多庸一研究史料」）。そして翌明治十年には本多を校長として弘前教会日曜学校が設立され、この年に西南戦争《せいなんせんそう》が勃発した際には、縁故が深く、西郷隆盛《さいごうたかもり》への傾倒の著しかった庄内藩士の暴発防止に努めた。戦争終結から三ヶ月後の十二月から翌月にかけて、積雪のなか、津軽半島をほぼ一周する徒歩での伝道旅行に赴いている。教会としては内憂外患を抱えながらの、伝道活動であった。

本多の信仰観

明治十五、六年頃に、おそらく信仰の道へと導こうとしていた今規雄という人物に宛てた長文の書簡のなかで、本多は次のように述べている。彼の当時の信仰観が典型的に現れていると思われるので、一部を引用しよう。

宗教の念は、天賦の情にして人類の特権とも云ふべきものなり。徳義涵養の源泉なり。愛兄は知識と徳義の領分の区別は明知し玉ふ所なり。徳義を修むるのは性情を耕耘するにあり。性情の耕耘は無形高尚の師を必要とす。言を替へて言へば、上天《かみ》皇完全無数の徳を学《まなぶ》を必要とす。即ち真正の宗教を奉じ、確然たる信仰の念を養ふに在り。

こうして、信仰→性情の発達→徳義の涵養、という図式を提示する本多は、ジェレミー・ベンサム（Jeremy Bentham）の功利学を「到底一の無限なる不可識能力に溯《さかのぼ》りて止む。是《これ》理学の限界なり」と否定し、「基督は、俄に吾が恩人にして、吾が仲保なるを威徳するに至れりと。是実に真に道を信ずる者の入道する順序なり。愛兄よ、之を思ひ玉へ」と訴えかける。本多にとってキリスト教信仰とは、人間のみに与えられた特権であり、徳義や性情の源泉であり、知識や功利学では達し得ない真理への道程にほかならなかった（『本多庸一先生遺稿』）、藩政から教育へ、そして伝道へと順調に歩を進めていったかにみえるこうしてには、伝道のみに専念する時期にはいたっていなかった。当時の本多を支本多がうひとつの関心、それは自由民権運動である。

自由民権運動への挺身

政治運動へ

明治十一年（一八七八）、本多が正式に東奥義塾の塾長に就任した頃、本多と、盟友の菊池九郎《きくちくろう》を中心に「共同会」なる政治結社が設立された。国権の拡張と民権の伸張をうたった団体で、地方における民権思想の普及という啓蒙的観点視されていたといわれている。毎週一回公開演説会を開き、義塾の教職員や生徒が積正が参加した。明治十三年一月頃には本多と菊池が中心となって国会開設建白書を提出開始され、二月に「四十万余同胞兄弟ニ告ク」と題する檄文《げきぶん》を配布し、条約改日ノ日本人民せず、中国との関係が悪化し、不均等な課税に苦しむなかにあって、「今求めるのは「人間自由ノ権」であり、そのためには「国会ヲ開キテ立法権ヲ人民ニ与フルヨリ外ナシ」と主張し（本多繁「青森の自由民権運動」）、東奥義塾では有志の会合が開かれ、県内で遊説が展開、約三千名の同意を得たといわれている。その上で三月二十七日、県内有志が青森蓮華寺に集合して建白書を可決し、本多がこれを携えて上京、本多と中市稲太郎両名の名で元老院（立法諮問機関で、建白書の受付機関でもあった）に提出した。建白書は、次のように自らの主張を展開している。

庸一等感憤交発シ、仰《あおぎ》テ聖意ノ辱《かたじけ》ナキヲ思ヒ、伏シテ国運ノ替《かわる》ヲ恐レ、今ニ及テ早ク大憲ヲ制シ、国会ヲ開クル、所謂《いわゆ》ル民心ヲ安《やすん》シ、元気ヲ張ルノ要務ニシテ、庸一等臣民ノ聖意ヲ体シ、隆運ヲ計ルモ亦《ま》タ此ニ外ナラサルヲ知ル。抑《そもそ》モ国家也ハ群情ヲ通暢《つうちょう》シ、衆智ヲ換易スルノ処ナリ。（「青森の自由民権運動」）

建白書は、国内が乱れ、政府の執政もおろそかな現状では国際的な競争に敗れると危機感を強調し、その処方箋として国会の開設を提示している。国権と民権とが交錯する当時の民権家の典型的な思想パターンが反映されているとみてよかろう。

保守派の抵抗

青森での民権運動はその後さらなる拡大をみせていくが、本多自身の立ち位置は、次第に退いていく。その要因として岡田哲蔵の『本多庸一伝』は、「ヤソ」であることへの偏見、外国人を教師として招聘《しょうへい》するなど東奥義塾でのラディカルな教育改革、そして共同会による急進的政治活動への「保守派の巻き返し」がそこにあったとみている。実際、生徒へのキリスト教説教に対しては「怪しからぬ」という「声高々」であったというから、このあたりは事実であろう（『本多庸一伝』）。その帰結として、十六年四月か五月頃、共同会は解散、本多は義塾塾頭の座を去ることになった。本多自身はこの間の経緯について、のちに明治三十七年四月三日の青山学院における演説で次のように語っている。

此《ここ》に一つ大変が起つてきました。といふのは、本多は自由党で耶蘇《ヤソ》だから、彼を東奥義塾に置いてはいかぬといふ政敵からの攻撃で、終りには主人なる旧知事（津軽—引用者）を通して迫つて来たのであります。……平素其の人の馬前には一死をも辞せないと思ふて居りまする主人の困苦せられうるには、忍ぶ事が出来ませんで、終《つい》に義塾を引くことになりました。（『本多庸一先生遺稿』）

津軽家を通しての、保守派の巻き返しであった。保守派は県知事を通じて宮内大臣に通報し、義塾に資金を支出していた関係から類を免れたいと考えた津軽家側が圧力をかけてきたといわれている。

かくして、いわば県内政界の少数左派勢力となった本多だが、かろうじて、青森県会議員としての地位は保持しており、その後まもなく、県内の旧津軽対旧南部の勢力争いを仲裁すべく、県会議長に選出された。両者の対立構造の間に入り、議長として二年間、その仲裁に努めたといわれている。本多が中津軽郡の補欠選挙で県会議員に当選したのは明治十四年十月二日で、以後当選を重ね、十七年六月二十三日には議長に選出され、十九年二月までその任にあった。

妻の死

なお、すでに引用した今規雄宛書簡はちょうどこの頃に書かれたものであり、本多は、一方では真理への道としてキリスト者として歩み、一方では、その道を現実世界に展開させる方策として、政治への道を歩んでいた。橋本正信が指摘するように、「万人平等の信仰を社会的に実現しようとするキリスト教徒の立場から民権運動に入」（橋本正信「青森県の自由民権運動」）ったのが本多であり、いわば「信仰も政治も」、というのが、この時点での彼の姿勢であった。

青森県議会では議長あるいは議員として、本多は東京—青森間の鉄道敷設運動や大学区の誘致運動に従事するなど、地方政治に奔走した。しかしその間の明治十九年七月十三日、心臓麻痺によって妻みよを失う。大学区の設置も仙台に敗れた失意の本多は、次第に政治に熱意を失い、その二ヶ月後、仙台メソジスト教会牧師に任命されて、仙台に赴任するこ

図17　押川方義

とになる。本多は前掲の青山学院での説教で、県議会での形勢が不利となり、妻を失ったことで、「於是《ここにおいて》私は大に悟る所があつて、政事屋を止めんと決心」したと語っている（『本多庸一先生遺稿』）。仙台では、宣教師スワルツ（H. W. Swartzs）が仙台メソジスト教会を設立したばかりであり、盟友の押川方義《おしかわまさよし》が仙台神学校（のちの東北学院）を核としながら伝道を展開していた。ここで約一年間活動した後、本多は明治二十年九月、東京英和学校（のちの青山学院）に招かれて上京し、その校長に就任することになる。もともとアメリカのメソジスト派監督教会によって設立された美以《メソジスト》神学校と、やはりアメリカのメソジスト派が設立した耕教学舎（のちの東京英学校）とが合併して明治十五年に発足していたのが東京英和学校で、神学科と普通科が設置され、本多は明治二十年八月、青山美以教会牧師兼東京英和学校神学科教授となり、翌月には同校の校主に就任した。校主としての本多は、青年キリスト信者の養成をもっとも重視し、日本や東アジアの伝道をも目標として掲げた。

渡米体験

こうして東洋英和学校校主として活動した本多は、明治二十一年九月十八日、アメリカのメソジスト派教会監督のファウラー（C. F. Fawlar）の招待によって、渡米することとなった。

ここから約二年間に及ぶ渡米生活のなかで、本多を支配した葛藤が、文字どおり「信仰」か「政治」か、をめぐるそれであった。帝国議会開会を目前にした本多は、宗教と政治、双方に関心を抱きながら、その視察のために渡米したのである。一度は挫折した政治の道も、完全に放棄していたわけではなかった。本多自身、先述の青山学院での演説で、「私は宗教々育の視察が目的でありましたが、以前覚えもある政事方面にも視線が向いて居た」と告白している（『本多庸一先生遺稿』）。実際、明治二十年夏には大同団結運動のために後藤象二郎《ごとうしょうじろう》が青森を訪れた際には、これに警戒を呼びかける政談演説を行っており、「東洋未曽有の時期に際し、国士として政治家として国家の為に尽すの念なかりしに非《あら》ざるべし」（岡田哲蔵『我が先生』）という本人はもとより、旧主津軽家や、津軽家と関係の深い近衛家（最後の藩主津軽承昭《つがるつぐあきら》の養嗣子・英麿は近衛《このえ》忠房《ただふさ》の子）からも、政界入りを望まれていたという。本多と交際のあった岡田哲蔵《おかだてつぞう》も、「後年彼（本多—引用者）自身が語るところによれば、日本の憲法に就ては米国新聞も種々書き立てた。彼は宗教視察を目的として来たが、政事方面にも視線が向つて居た。国からは屢々《しばしば》飛報が来る。友人も皆勧めて起つべきは今なりといふ」と伝えている（『本多庸一伝』）。

信仰か政治か

在米中の本多は議会政治の先進国たる米国の政情視察を続けたようだが、ここで、彼はひとつの選択を迫られることになる。明治二十二年二月十一日に公布された衆議院議員選挙法は、第三章で被選挙人資格を定め、「神官及諸宗ノ僧侶又ハ教師ハ被選人タルコトヲ得ズ」（第十二条）（内閣官報局編『法令全書』明治二十年）と規定していたため、もし本多が衆議院議員選に出馬する場合、キリスト教教師の座を降りなければならなくなったのである。アメリカから青森県庁にこの件について照会する手紙を送った本多は、やはり教師の座が障害になることを確認し、「議員たらんか宗教家たる能《あた》はず、宗教家を固守せんには議員たる能はず二者其の一を選ぶといふ場合に当つて、数ヶ月間大いに煩悶」（『本多庸一先生遺稿』）することになった。その結果、本多がたどり着いた境地について、岡田哲蔵は次のように記している。ペンシルヴァニア州滞在中に岩村透《いわむらとおる》が訪問した際、本多は呆然として陸橋の上に立って列車の近づくのも気づかず、あやうく身を翻して衝突を免れた、という場面である。

岩村氏当時の状況を記して曰《いわ》く、「先生の頭髪は風を切って進む列車の為に秋の薄の如く浪打ちしを尚よく記憶す、此一事にて如何程《いかほど》危険の地にありしかを察すべし」と。蓋《けだ》し此の危機を脱せしは一には先生の沈勇と武士の修養とによると雖《いえど》も、先生が列車の近邇《きんじ》するも知らざりし程に、何物をか沈思黙想せらるの際突然此事あり。先生が之を以て上天の警告と覚れる殆ど疑なきが如し。昔者《せきしや》雷電その友を斃《たお》してルーテル霊眼を開くの一刹那が欧州宗教改革史の逸すべからざる要点たりとせば、このピッツトン駅の一事また日本基督教史の要点たらざらにや。先生の転機かくの如くにして至れり。先生は全然多忙なる世界に断念せり。（『我が先生』）

煩悶葛藤の末、鉄橋に立った本多は、列車に轢《ひ》かれそうになった、その瞬間に、神の啓示を悟ったというわけである。本多自身、青山学院での演説でも、誰かはいえないが「低い声」に励まされて、牧師としての「決心を固めた」と語っている（『本多庸一先生遺稿』）。こう決断した本多は、ニュージャージー州のドゥルー神学校で勉学に励み、明治二十三年六月に帰国した。

キリスト教と武士道

武士としての道義

先述したとおり、本多にとってキリスト教信仰は、徳義の源泉であった。しかし、もともと武士として育てられ、戦い、働いた彼にとって、徳義はキリスト教以前に武士精神として付与されていた価値観であり、キリスト教は、いわばその徳義を補完し、正当化し、あるいは改善する機能を有したと考えられる。還元すれば、徳義を重んじる武士であった本多は、キリスト教抜きでも、徳義をある程度保持してふるまえる、というジレンマを抱えていた。明治二十五年（一八九二）九月十三日に別所梅之助《べつしょうめのすけ》に宛てた書簡のなかで、当時病床にあった本多は次のように述べている。

信仰の生命は感恩畏敬の二ツにあることゝ存じ奉り候。此の五週間病床にありて大に感じたるは、自分の神を畏敬するの浅き事なり。其の結果として罪悪を悪《にく》むことの深からざることとなり。実に慚愧に堪へず候。嗚呼《ああ》、生等《せいら》は僅かに徳義上の意志力により外見の罪悪を免るゝのみ。若《も》し其の霊情之実情を見れば、実に憐れむべきなり。（『本多庸一先生遺稿』）

本多は、自らの信仰の浅いことを悔い、且つ、その罪を徳義上の意志の力によって免れている事実に、愕然としたのである。

キリスト教と武士道

では本多にとって、武士道とキリスト教とはいかなる関係を有するものとして、認識されていったのであろうか。この書簡から約十年後の明治三十七年十二月号の『中央公論』に、本多は「武士道は基督教に酷似す」という文章を寄せている。ここで本多は、タイトルどおり、「武士道と基督教とが或る類似の点を有する」ことについて論じ、武士道における忠義・廉恥などの精神は、君臣関係から生じたものに他ならず、日本の場合、それが「万世一系《ばんせいいっけい》」の君臣政体の存続の故に発達してきた、と述べている。

かくして、「武士道なるものは由来専制の国に発生し、専制君主の下に発達せるものにして、云はゞ専制封建の遺物也」とみる本多は、これが日清戦争における戦勝を生み、日露戦争でも真価を世界に証明しつつあるとして、武士道を遺物として忘れ去るのではなく、「保存し養生し、益々《ますます》発揮」させることを期待した。そして、武士道が君臣関係における忠義の世界を重んじることから、キリスト教における神（君主）と信徒（家臣）との関係に類似しているとして、「神と人との相違こそあれ、基督教に於て神を信じ、神を尊崇し、父とし主とし仕ふるは、武士道に於て臣下が君に対すると同様の精神に基づく」と結論する（本多庸一「武士道は基督教に酷似す」）。自らの信仰においては、徳義の面で葛藤を生んだ武士道とキリスト教との関係は、社会的には忠義の面において共通し、かつ、その有用性を発揮すべきだと考えられたのである。本多自身、維新後も旧主・津軽家に強い忠誠心を抱いていたことは、すでに述べたとおりである。

「政治的」キリスト者の誕生

本多はキリスト教信仰の道を歩みつつ、その理念の実現手段として政治を選び、やがてその両者の道の選択を余儀なくされたとき、葛藤の末、信仰を選んだ。ともあれ、彼は職業的「政治家」（政事屋）の道を断念したのであり、「政治」（政事）そのものに無関心だったわけではない。

日本初の政治学者の一人である小野塚喜平次《おのづかきへいじ》（東京帝国大学政治学講座教授）が『政治学大綱』（博文館）を刊行したのは、本多がキリスト者としての活動を社会的にきわめて活発に展開していた明治三十六年のことである。小野塚はここで「政治学」について、国家について事実的説明を与え、その政策の基礎を論じるものだと定義しており、その意味で「政治」は、国家とその政策を指していることになるが、本多は、こうしたわが国政治学の原初的定義による「政治」という観点からして、きわめて「政治的」なキリスト者であった。国家とその政策とに、職業的政治家としてではなく、キリスト者という立場から、積極的に関わっていったのである。

一例を挙げれば、本多が「政治家」の道を断念してまもなくの明治二十七年、日清戦争が勃発する。本多は清韓事件基督同志会を結成してこの戦争を「義戦」と訴える慰問活動を展開し、戦争をキリスト者の立場から肯定し、軍人の心構えを説き、従軍者の治療や遺族や留守家族の慰問活動などを実践した。それは、その国家観もさることながら、これがキリスト教伝道の絶好の機会と捉えられたからにほかならない。十年後の日露戦争に際しても、やはり「義戦論」の立場から国民の士気高揚を訴え、この戦争が「キリスト教対異教徒」という構造に陥らないよう、国内のロシア正教の保護に奔走した。政府側もこうした構図の回避のため、国内の宗教対立を懸念しており、桂《かつら》太郎《たろう》首相は本多と会見して、対立を回避するようプロテスタント各派に周知徹底する役割を担うことになった。こうした行動の背景には、従来、その士族的ナショナリズムとともに、国民から冷たい視線を浴びせられることの多かったキリスト教の社会的地位を向上させ、青山学院を守るための政治との「取引」である、という指摘もあるが、たしかに、そうした「意図」を内包しながらも、現実政治と「取引」しようというしたたかな戦略を、民権運動を指導し、「政治家」としての遍歴を持つこのキリスト者は、持っていた。

幻の日記

本多は日記をつけていた。それ自体は現存していないものの、近年、明治三十年代後半のこれを岡田哲蔵が「本多先生日記抜粋」として書き写していたものが発見された（気賀健生「青山学院資料センター所蔵のキリスト教貴重文献・資料その二四――岡田哲蔵旧蔵・本多庸一関係資料」）。これによると、日露戦争勃発直後の明治三十七年四月八日条には、次のように記されている。

伊藤、大山外、各大臣等列席の処にて布教師のことを語れり。其結果、桂総理が十時より十一時の間に面会を欲する由を直に永田町より至れば、桂総理は内地の誤解を解かんが為、近日告諭を出し、又之を外地にも及ぼさんとす。併《あわせ》て各教会にも亦《また》外地宣教師にも之を通じ、それによりて寺内大臣呼で来り、段々誤りを而《しか》る上《うえに》遂に内外人の慰問使を送ることとなり。（「本多先生日記抜粋」青山学院資料センター所蔵）

これにより、キリスト教の布教師派遣について伊藤博文《いとうひろぶみ》や大山巌《おおやまいわお》に申し入れたところから、桂との面談が実現し、そして宗教戦争という構図の回避に話題が及び、実際に慰問使の派遣も陸軍の承認をもって認められたことがわかる。

この翌日、本多は日本福音同盟会長名をもって声明を出し、日露戦争は「宗教の異同」によって起こったというのは「誤解」であり、「政府の主意」は「国論の本旨を貫徹」するためだと述べ、そのために国内のロシア人を保護し、こうした政策にキリスト教側も協力してほしいと呼びかけている。当時、神仏各宗には「管長」が置かれて一定の自治権を有していたが、キリスト教にはこれがまだ存在しないため、本多がその役割を担う形になっている。当時における本多のキリスト教界における重みが理解されよう（『本多庸一先生遺稿』）。本多は元老や総理と直接パイプを持つ、きわめて「政治的」なキリスト者であり、その外地伝道という信仰的目標もまた、現実政治というフィルターを通して実現していったのである。そして本多は自ら慰問使となって、大陸に赴いた。

権力との接点を維持しながら、キリスト教界をまとめ、あるいは権力闘争の仲裁にあたった、その融和的側面に、彼のキリスト者としての、また政治家としての特色が現れている。本多が没したとき、その追悼会で内村鑑三《うちむらかんぞう》は、「本多君の特性は平和であります、『やわらぎ』であります」と述べ、県会議長として南部と津軽の対立を仲裁し、メソジスト三派を結合させせ、さらにキリスト教諸派も一致せんとしたとして、「平和は君の天然性でありました」と述べた。そして、本多が自覚していたとおり、武士的キリスト教をもって自認していた内村もまた、本多をして「君はキリストの弟子と成る前に真の日本武士であったのであります」と指摘している（内村鑑三「日本の基督教界に於ける故本多庸一君の位置」）。

われわれは、その行動の是非はともかく、「政治家」を捨てながらも「政治」を捨てず、「武士」を捨てながらも「武士道」を捨てなかった、この希有な「政治的」「武士的」キリスト者の足跡を、あらためて民権運動史、キリスト教史の上に刻印すべきであろう。

「豪農」から草の根民権家へ

加藤勝弥

その生涯——草の根民権家として

「草の根民権家」

明治二十三年（一八九〇）、第一回衆議院議員選挙で当選した加藤勝弥《かとうかつや》について、木戸照陽《きどしょうよう》編著『日本帝国国会議員正伝』（田中宋栄堂、明治二十三年）は、次のように評している。

君は夙《つと》に自由民権論を唱へて東西に奔走し、南北に去来し、櫛風沐雨《しっぷうもくう》の労雨を甞《な》めて同胞兄弟を覚醒する所ありしが、中途にして東京に遊び感ずる所ありて基督教に熱心し、宗教信者となる。……後ち新潟県会議員となり、温厚にして善良議員の博を評したり。君、政治上の主義は大同を執れり。（木戸照陽編著『日本帝国国会議員正伝』）

加藤は、新潟における自由民権運動の指導者の一人であり、熱心なクリスチャンでもあった。加藤の近親者の回想をまとめた『回想の加藤勝弥』（キリスト新聞社、昭和五十六年）の解説において編者の本井康博は、加藤の「権力に阿《おもね》らない在野精神」や私学・女子教育への貢献、教会を拠点とした良心研磨の試みなどを高く評価し、加藤を「辺境の民権家」、「草の根民主主義者」と呼んでいる（本井康博「解説・加藤勝弥の肖像」、本井康博編『回想の加藤勝弥』）。

なぜ、加藤か

自由民権家としての加藤については、本井康博の研究において、その活動のおおよそが明らかにされている。高田事件《たかだじけん》で逮捕された際の事情に関しては、手塚豊博士の研究において論及されており、このほか新潟の民権運動史・政党史研究において、加藤の存在と行動はしばしば言及されてきた。

図18　加藤勝弥（『回想の加藤勝弥』より）

しかし、片岡健吉《かたおかけんきち》や本多庸一《ほんだよういつ》と比べると、今日における知名度はもちろん、当時における知名度も圧倒的に低い。このため、本書では「山際家文書」（山際家蔵、新潟県立文書館寄託)、「小柳文書」(立教大学図書館所蔵)、「杉田定一《すぎたていいち》関係文書」(大阪経済大学図書館所蔵)などに所収されている多くの加藤勝弥書簡などを駆使して加藤像に迫っていくが、それは、加藤が「信仰と政治」というテーマを考える際、もっとも深刻な葛藤、すなわち「信仰のための政治」か「政治のための信仰」かの間で揺れ動いた人物だからである。

では、加藤において、政治活動とキリスト教信仰とがいかなる関係を有していたかについて注目しながら、論を進めていこう。

民権家の出発

加藤勝弥は、安政元年(一八五四)一月五日、新潟県岩船郡八幡村大字板屋沢において、父・雄二郎、母・俊子の長男として誕生した。加藤家は大庄屋で、醸造業を営んでいた。明治元年に父と祖父を失った加藤は家督を相続、三年に藩の職を解かれると、翻訳書を通じて「欧米の事情を知り自由権利の最も尊重すべきを覚り」、これが民権家としての原点となったといわれている。明治九年には第六大学区第八中学区取締役に任じられた(廣田三郎編『実業人傑伝』第五巻)。以後、加藤は醸造業を経営しながら、次第に政治へとその歩をすすめてゆく。

最晩年の加藤と親交があった武田雨水《たけだうすい》によると、加藤は明治四年に仙場久子と結婚し、「此の頃から、氏の政治に対する趣味、益々強烈となり、封建思想の悪夢より国民を呼び覚まし、自由民権の思想を高潮し、自らこれを宣伝せん事を決し、年末だ若干を越ゆるか越えざるに、進んで政治運動の渦中に身を投じたのであった」という（『回想の加藤勝弥』）。加藤の四女・タカは、政治に関心を寄せ、封建因襲からの脱却、自由民権の理想実現を目指した加藤には、「母・俊子の賢明なる理解と熱烈なる奨励とが、大きな力となっていた」と述べている（『回想の加藤勝弥』）。

加藤にとって転機となったのは、二十五歳のときであった。すなわち明治十二年六月、第一回新潟県会議員選挙が実施され、加藤は岩船郡から出馬して当選した。このとき、加藤は家業に意欲を持っていたため躊躇したが、俊子が「男児世に生る。豈《あ》に区々として僻《へき》土《ど》に朽つべきならむや。今や幸に輿《よ》望《ぼう》の帰する所となる。進《すすん》で其任に当たるべきのみ」と励ましたと伝えられている（『実業人傑伝』第五巻）。加藤の当選について、大正八年（一九一九）に『新潟毎日新聞』に連載された「北越民権史」は次のように評している。「岩船郡の加藤勝弥が当時漸《ようや》く二十五歳、辛ふじて資格年齢に達したる白面の一青年に過ぎざりしが如き如何に農村豪族が社会の中心勢力としての晴れの舞台に翱翔したるやを察するべきものならずや」（守玄生「北越民権史（二十一）」）。

県議として

十月二十日に第一回通常県会が開かれると、加藤は積極的に発言した。そこには、議員としての自負と言論に対する信頼とがみてとれる。たとえば十月二十二日、桜井長左《さくらいちょうざ》が一度破棄された建議案を再提議したところ、再度議するのは不都合という反対意見が多数を占めたが、加藤は「言論ハ妄《みだ》リニ差止ム可《べか》ラズ」として詳しく主張を聞いた上で議論すべきだと桜井を弁護した。十月二十五日には議事を閉じるに当り、次のように発言している。「退場ニ臨テ、満場議員ニ少シク忠告イタシタキコトアリ。諸員各位ハ悉《ことごと》ク侃々《かんかん》ノ議員ナリト信セシニ、意ハサリキ日ヲ追テ卑屈ニ流ル、ニ似タリ。長次官ガ勝手ニ傍聴ニ来ラル、時、叨《みだ》リニ平身低頭スルカ如キハ卑屈ノ大ナルモノニシテ、演舌ノ安ヲ害シ議場ノ体ヲ汚ス、元ヨリ大ナリ。自今宜《よろ》シク注意アル可キコトヲ乞フ」（「新潟県第一回通常会議事録」新潟県立図書館蔵）。こうした議会や言論に対する信頼と自負に、封建意識からの脱却や自由民権の理想実現への熱意をみてとることができよう。

県会を交流の場とした政策論争のなかで民権運動は発展するようになり、同年六月以来、千葉の桜井静から国会開設運動への参加要請が県下の県会議員に届けられるに及んで、民権運動は高揚、山際七司《やまぎわしちし》等は『新潟新聞』紙上で連日国会開設運動への参加を呼びかけ、同紙自身も後押ししていくことになる。山際は明治十三年一月三日、小柳卯三郎《こやなぎうさぶろう》に「国会ハ目下ノ急務ニシテ忽諸《こつしょ》スベラス、足下モ速ヤカニ同盟ノ回答アランコトヲ希望ス」と書き送っているが、加藤も一月十日付で山際に宛てた書簡に、「上総ノ民権士桜井氏ヨリノ来書ハ議員一同ヘノコトト信ズ、右ハ傍観軽視スベキ儀ニ非ザレバ、御着意ノ程御鄙示アランコトヲ希望ス」と記し、その意見を問うている（黒埼町町史編さん自由民権部会編『黒埼町史　別巻　自由民権編』）。山際はこれに応えるように、県下有志に「国会開設懇望協議案」を配布し、租税を納める以上人民は参政権を持ち、帝室の尊栄も国権拡張も工業物産も富国強兵も「国会ニ在ラサレハ不可ナリ」と主張した（「国会開設懇望協議案」「小柳文書」立教大学図書館所蔵）。その後、桜井の挙動に不信を感じた山際等は県下に国会開設懇望協議会を設けることを呼びかけ、これが四月の協議会開催につながる。

四月五日から新潟で開かれた第一回国会開設願望協議会では、請願運動の推進、会憲などが議決されたが、その会憲第二条には協議会の目的として、「専ラ大日本国々会ヲ政府ニ懇請シ、人民天賦ノ参政権ヲ恢復シ、上《かみ》帝室ヲ翼賛シ、下《しも》人民ノ福祉安康ヲ保護スル」と掲げられた（永木千代治『新潟県政党史』）。協議会に参加するにあたって、母・俊子は加藤に和歌一首を贈り、壮途を祝したといわれている。「敷島の大和心の桜花　咲匂ふべき時は来にけり」というもので、会衆はこれを伝唱して意気をあげたという（守玄生「北越民権史（二十四）」）。

地元支持の獲得

協議会は五月十六日に第二回を開催したが、加藤はこれに出席していない。この協議会では元老院に国会開設建白書を提出することとなった。その後九月一日に有志一同は再度国会開設請願書を提出することを決め、十月一日の会合で請願書を決定した。加藤は九月の会合には出席していたようだが（「九月一日会議名簿」「小柳文書」立教大学図書館所蔵）、十月の会合には出席しておらず、各郡から選出された代表者にも選ばれていない。当時加藤は、岩船郡での請願者の取りまとめに苦心しつつ、山形に出張するなど、多忙な毎日を送っていた。四月七日付で小柳に宛てた書簡では、岩船郡では「国会請願者ハ漸《ようや》ク九名……説得ノ役立タス遺憾候事也」などと苦衷を開陳し（「小柳文書」立教大学図書館所蔵）、十四日には山際に宛てた書簡で、「本月十九日、当郡中同議者村上ニオイテ、開会諸手続等予定致スベモ手筈ニ候」として、それまでに「上中案ノ骨組」を送付してほしいと依頼した（「山際家文書」山際家蔵、新潟県立文書館寄託）。五月七日には、「協議会先月二十六日ハ村上ニオイテ相開キ候筈ニ候得共《そうらえども》、小生儀ハ止《や》ムヲ得《え》ヌ事故コリ有《あ》リ、其節ヨリ当処へ参リ居リ、委曲同識者村上小町渡辺幸太郎へ相任置候へ得共、未タ出張中故、何等ノ確報ヲ得ルニ由ナク甚タ心安スンセス」という書簡を、山形県西田川郡から山際に出している（「山際家文書」山際家蔵、新潟県立文書館寄託）。会合に出席できなかったのも、こうした地元での説得・集会や出張に忙殺されていたためであろう。いずれにせよ、請願書は太政官への提出を試みられたが、政府側の抵抗に遭って果たせなかった。

さて、山際七司は明治十三年十一月に上京し、帰郷後の翌年四月には請願書提出や中央政局の報告のための懇親会を開催し、越佐《えつさ》地域の政治結社結成を提言した。参加者はこれを受けて越佐共致会を設置することを決議し、加藤は山際とともに上京委員に任じられている。共致会の「会憲」は、真理自由の拡充、世論の喚起、富強治安の計画、幸福の実現のほか、「日本帝国ハ立憲政体ノ宜シキヲ得ルコトヲ詢《はか》ルヘシ」と述べ、出版、演説、建言などを重要な事業として設定している（『新潟県政党史』）。同会は県内を甲四部、乙十六部に区画をわけたが、乙第二部の岩船郡は相当に活発であったようである。

共致会は中央から有名な民権家を招いて演説会を開催し、国会開設運動を盛り上げた。馬場明治十四年八月から九月にかけては馬場辰猪《ばばたつい》らが巡廻して熱烈な歓迎を受けている。馬場一行は九月九日、十日と村上で演説会を開催しており、約二千人を集める盛況ぶりだったが、演説会後の懇親会で加藤は、「馬場君其他諸君が此僻地へ枉駕《おうが》せられしハ、美味を喰ひ鬱金《うこん》黄を飲み又名産なる美婦を見物する為めにあらす。唯北地の人民に向て輿論《よろん》を成長せしむるにある」と述べて喝采を浴びたという（『新潟新聞』明治十三年九月十五日付）。十月には板垣退助《いたがきたいすけ》の一行も新潟を訪れたが、ちょうどその懇親会が開催されている最中に、国会開設の勅諭渙発《かんぱつ》の電報が届いた。加藤もこの懇親会に出席していた。

「岩船協同会」

明治十四年十月十八日から浅草井生楼で会議が開かれ、自由党盟約・規則が決定、二十九日の役員選挙で山際が幹事に選出された。岩船郡では明治十四年四月三日、「加藤勝弥氏が会主となり、同志者八十余名と去る三日村上町経王寺において知識交換の目的において一大懇親会を開かれたり」（『新潟新聞』明治十四年四月九日付）。「岩船協同会」の発足であった。その趣意書において加藤は、岩船郡の知力、元気を高め、智識の交換と人情の均一について諮詢《しじゅん》することを目的として設定した。民心向上を重視する加藤は、政治思想の獲得、権利自由の尊重、そして演説、討論を重んじ、まずは協同会を設置して演説会を開きたいとする。そこには実学への信頼が反映されており、学問は教室や読書に限定されず、一個人ではあらゆる分野に通じることは無理であり、読書や学問の時間を取れない者も多いため、この会を催すのだと述べている。

かくして、加藤はこの年に開校したばかりの板屋沢の小学校に資金を援助し、ここで演説・討論会が開催された。そこには青年層が集まり、夜学や演説、討論などを通じて旧弊を一洗することが目指された。演説・討論会は葡萄山《ぶどうやま》懇親会と呼ばれていたようで、明治十五年二月には百二十名、四月には百五十名を集めている。俊子も、女子教育の拡大について演説した。この会の設立自体、青年層のエネルギーに押されて設立されたという側面があったようで、十四年三月二十五日付の小柳宛書簡で加藤は、「我郡共同会ノ期日モ四月三日也……小生モ宿疾全治トハ申シ難ク候得共《そうらえども》、時機経過スルヲ以テ同志者ヨリ督促ヲ受ル数回、無□□□□会議押シテ開会」すると述べている（「小柳文書」立教大学図書館所蔵。□は虫食いのため判読不能）。

なお、「智識交換」や社会問題の諮詢、実学重視といった加藤の主張は、明治十三年一月に発会していた交詢社《こうじゅんしゃ》に極めて似通っているのが注目される。同社の社則第一条は「知識を交換し世務を諮詢するに在り」とし、「設立之大意」は、学問は学校や読書だけに限られず、一個人であらゆる事を知るのは無理であり、読書の時間が取れない者も多いだろうから、知識を交換するのだと述べていた（交詢社編『交詢社百年史』）。加藤自身は社員ではなかったが、寺崎至《てらさきいたる》、鈴木昌司《すずきしょうじ》といった加藤に近い民権家が当時交詢社員となっており、彼らを通じて影響を受けていた可能性は高い。また、交詢社は各地に巡回委員を派遺して演説会や討論会を催して啓蒙・会員募集活動を展開し、明治十三年七月から八月にかけては波多野《はたの》承五郎《しょうごろう》と猪飼麻次郎《いかいあさじろう》が北関東・東北・北陸を巡回しているが、新潟県内では六日町・長岡・弥彦・直江津で演説会が開かれ、「交通論」「道徳論」「交詢社ノ趣意」などが説かれていた。加藤はこのいずれかに参加し、交詢社について情報を入手していたのではないか。八月六日には高田で三館一郎《みだていちろう》らが一行を迎えているが、この歓迎の件について、三館は鈴木昌司に善処方を依頼していた（明治十三年八月五日付三館三郎・鈴木昌司宛書簡「鈴木家文書」上越市吉川区・善長寺蔵）。

北辰自由党結成とキリスト教入信

政党結成

明治十五年（一八八二）四月、加藤が会長を務めていた葡萄山《ぶどうやま》懇親会などの小結社の上に成立していた越佐《えつさ》共致会乙部第二部を母体として岩船郡自由党が結成された。他にも県内各地で自由党系結社が設立され、これらを網羅した組織の設立が目指されて、明治十五年四月九日、越佐共致会を廃止して北辰《ほくしん》自由党が設立された。加藤は常備委員、続いて理事委員として、名を連ねている。その盟約書は「吾党ハ自由改進ヲ以テ主義トス」と述べ、自由拡充、権利保全、社会改良、国権拡張、立憲政体確立を目標に掲げた（『新潟県政党史』）。六月十二日からの自由党臨時会には、山際とともに加藤も派遣されている。

このとき、幹事の大石正巳《おおいしまさみ》が警察に呼び出され、集会条例の改正を受けて、自由党は政治結社として認可を受けるよう求められた。加藤は、臨時会や警察と大石の問答の内容などを小柳に伝達し（明治十五年六月十九日付小柳卯三郎宛加藤勝弥書簡「小柳文書」立教大学図書館所蔵）、さらに山際らと連名で、本部経費五百円を負担すること、常備委員を本部に派出することなどを新潟の同志に求めた。結局、自由党は政社として届出ざるを得ず、さらに支社が禁じられ、他社との連絡通信も禁止されたことから、加藤は六月三十日付で山際らと連名で在郷有志に宛てた書簡において、「政府ノ圧制ヲ以テ止《や》ムヲ得《え》ズ本部外形ヲ一変セルニ、就テハ地方党員ノ組織進動ノ方法モ多少更正シ一層活発ナル進動ヲ為サ、ルヲ得ス、然《しか》リ北越現時ノ実況ヲ見レハ未タ人民熱心ニ国事ニ憂フルモノ少ナク、単ニ精神上ノ結合ヲ以テスヘカラス。則《すなわ》チ形体ヲ以テ結合計ラサルヲ得ス」と述べ、北辰自由党や頸城《くびき》自由党は独立した結社として団結し、「精神ハ自由党員タルノ義務ヲ実行」すべきであると表明した（黒埼町史編さん近代部会編『黒埼町史』資料編3）。帰郷後の九月二十三日に開かれた演説会では、加藤は「感覚論　人心ヲシテ政治感覚ヲ起サシムルノ理由ヲ論ス」と題して講演している（新潟県編『新潟県史』資料編19・近代七・社会文化編）。人心の政治意識の向上は、岩船協同会結成以来の宿願であり、自由党本部と切り離された新潟の自由党勢力にとって不可欠の足固めであった。

しかし、こうした政府からの圧迫や松方財政による農村経済の疲弊によって、新潟県内の民権運動も不安の色が濃くなっていった。このため、北辰自由党は明治十五年九月二十日に長岡で自由党大懇親会を開催し、集会・出版・言論の自由を政府に建白することを決定、十二月に建白書を元老院に提出した。このとき、加藤は同志募集のための遊説《ゆうぜい》委員になり、懇親会の開催に当たっては山際らとともに会主として「苟《いやし》クモ国民タルモノハ、憤然蹶《けつ》起頽勢ヲ挽回シ、外国権ヲ拡張シ、内民権ヲ振起スルハ、吾党志士カ任スル所ニ非《あら》スシテ何ソヤ」と同志に訴えかけた（『新潟県政党史』）。この懇親会にあたっても、俊子は加藤に「玉の緒の絶へなば絶へよ国の為　尽せ諸人尽せまごゝろ」との一首を送り、会衆はこれを伝え聞いて激励されたという（守玄生「北越民権史（五十二）」）。なお、加藤と山際は十一月二日付で鈴木昌司に宛てた書簡のなかで、この運動の直接的な効果は期待できないとしながらも、「間接ノ功益尤《もっと》モ大ニシテ為メニ全国ノ民心ヲ勃興シ、政府ノ暴逆ヲ攻撃セシムルニ恰当《こうとう》ナル方略」であり、自由党の活性化を図るためだと述べている（「三島通庸関係文書」国立国会図書館憲政資料室蔵）。

明治十六年一月一日、山際に宛てた年賀状において、加藤はこの年に臨む姿勢を次のように示している。

二白《にはく》、寒ノ候、如何《いかが》御起居為サレ在リ候。哉生《さいせい》ハ未タ宿痾《しゅくあ》全ク脱セス困却セリ。生モ是迄《これまで》ノ如キ改革ニテハ功ヲ奏スル先来ル無ク候間、過日ヨリ既ニ田畑山林等ヲ悉皆《しっかい》売尽セリ。全ク家事ヲ細密ニシテ家族ニ托シ申スベキ事ヲ実行セリ。（中略）

一、革命一件ニ付、是非入用ナリ。君速《すみやか》ニ御遞御送ヲ乞。

一、国家会議一件ノ書類、御送リ下サレ度《たし》。（「山際家文書」山際家蔵、新潟県立文書館寄託）

加藤がこの二年ほど前にも体調不良を訴えていたことは先述のとおりだが、病を抱えつつ、資産を売り払って家事を家族に託し、さらなる「改革」へと専心していく決意のほどが見て取れよう。「革命一件」と「国家会議一件」が何を指しているのか判然としないが、市民革命と国会開設に強い関心を持っていたことがうかがえる。

この翌月頃、加藤は自身に対する村民の負債五千円余を全額帳消しにした。自由の精神から生じた行為で、負債のために権利を圧せられるのを憐憫に感じたためだと、当時報じられている。三月十日からは北陸七州有志懇親会が開催され、加藤は発起人として参加した。企画したのは南越自由党の杉田定一《すぎたていいち》で、加藤もこれに熱心だった。懇親会の結果、北陸自由共同会が組織され、「自由改造ノ主義ヲ以テ成立シ北陸七州ノ協同一致ヲ図ル」と宣言、情報交換の媒介と遭難者の救済を目的とした。加藤の「改革」は着実に進んでいるかにみえるが、彼らの運動は高田事件によって大打撃を蒙ることになる（大槻弘『越前自由民権運動の研究』）。

高田事件

すなわち明治十六年三月二十日、頸城自由党の二十数名が逮捕され、続いて北辰自由党の山際、加藤も逮捕されるにいたった。いわゆる高田事件だが、結局、山際と加藤は八月十六日に責付釈放、二日後に予審決定保留となっている（明治十七年五月八日に免訴）。官憲側は、先述の鈴木宛加藤・山際書簡に内乱陰謀容疑を見出し、逮捕に踏み切ったようだが、山際は尋問において、三大事件建白運動に鈴木が不同意であると聞いたため、同意させるために「空想ノ論理」として「政府ノ暴虐」等の文言を用いたのであり、「他ニ意状ヲ挟ミタルコトハ決シテ之レナク候」と内乱容疑を否定し、「空想ヲ犯スノ理由ハ加藤勝弥ガ陳弁ト同一ナル者ナリ」と述べている（新潟県議会史編さん委員会編『新潟県議会史』明治編一、『黒埼町史　別巻　自由民権編』）。加藤は明治十八年の大阪事件でも山際から資金を託されて処分した経緯から拘引されたが、事情を知らずに金策に応じたことが判明し、釈放されている。

加藤タカによると、高田事件の獄中で俊子が差し入れた一冊の『聖書』が、加藤がキリスト教に入信する契機となったという。免訴直前の明治十七年五月四日、加藤は受洗し、この年に家族が東京に移転したため、銀座教会（のちの数寄屋橋教会）に入会した。勝弥の三男・五郎によると、受洗後、加藤は禁酒を断行し、家業も廃してしまったという。五郎は、「国家のために、身を殺すことの矜《ほこ》りを抱き、身を殺して五分の魂を左右し得ぬ者どもを、少しも懼《おそ》れなかった。神を知るに及んで、然《しか》し乍《なが》ら、『人の生くるは、不朽の名誉のため以上のものである』という、驚くべき知慧に到達したのである」と解説している（『回想の加藤勝弥』）。さらに加藤は、大阪事件での下獄で、「大なる神の恵をうけ、愈《いよい》よ信仰を固うせり」と伝えられている（警醒社編『信仰三十年基督者列伝』）。

信仰と政治の狭間で

この加藤における信仰と政治との関係はいかなるものであったのか。これを考える上で、明治十七年十月二十七日に加藤が山際に宛てて出した次の書簡は、興味深い。

拝啓、然《しかれ》は生《せい》過般、基督教ヲ信スルコトハ政事上ノ器械ニ致ス可キ云々申上置キ候儀、今日ニ至リ実ニ悔悟至極、然レ共既往ハ如何セン、故ニ此度改メテ此事ヲ我愛父ニ感謝祈願シテ前言ヲ取消シタリ。此段御承知アリタシ。君モ能ク基督教ノ信理ヲ御

研究可成サル可ク候。右取消ノ事申上候迄、此書外後使ニ譲ル、早々頓首。（「山際家文書」山際家蔵、新潟県立文書館寄託）

隅谷三喜男は、自由民権とキリスト教の結びつきは、信仰の社会的実現のために民権運動に参加する形態と、民権論者が思想的基盤をキリスト教に求めて入信する形態とがあったと指摘している（隅谷三喜男「天皇制の確立過程とキリスト教」）が、加藤のいう「政事上ノ器械」としての信仰とは、この後者の形態を指していたのではないか。加藤は、信仰は政治の道具とすべきであると述べ、のちにこれを悔悟して取り消し、むしろ信仰のための

図19　六合雑誌（東京大学明治新聞雑誌文庫所蔵）

政治であると認識を改めて、その根本たる「基督教ノ信理」の研究を山際にすすめたものと思われる。隅谷は、キリスト教徒は自由民権と自己の信仰との差異を明確に認識していたとして、『六合雑誌《りくごうざつし》』発刊の趣意を引いているが、そこには、自由民権はより高尚な理念、宗教によって統御されなければその本旨を誤ると述べられていた。加藤にとっても、民権思想を統御する理念として信仰が受容され、大阪事件での入獄は、その信仰をより高めたものと思われる。

加藤は釈放・受洗を経て、明治十七年十月頃、地元の有志とともに葡萄山懇親会を基盤に葡萄山北自由党を組織した。十月三日の自由青年懇親会に参加した富樫猪吉《とがしいきち》らが主唱して組織されたもので、盟約は富樫が作成し、自由権利の伸長と社会の最大幸福の実現を目指し、志操を固め、品行を方正にし、世人の信用を得ることなどを掲げている。

さて、北辰自由党は政府の弾圧と不況による経済難のため解党して中央自由党に合同するべく、明治十六年五月三十日までに解党することを決議し、党内の異論や反発などを経て、十月に解党された。頸城自由党も十二月頃には解党し、中央の自由党も翌年十月二十九日、解党を決定した。

新潟県会議員としての活動から衆院選へ

廃娼運動へ

先述のとおり、加藤は明治十二年（一八七九）の第一回県会議員選挙で当選したが、自由民権運動に挺身するためか、明治十三年十二月には辞職している。こののち、越佐《えつさ》共致会、北辰《ほくしん》自由党での活動、そして高田事件や大阪事件での拘束を経験して、明治二十一年一月の半数改選で県会議員に復帰した。会派は旧自由派である。この間、明治十七年に東京に転居していたが、二十年にはキリスト教系の学校・北越学館の館長となって新潟に帰っていた。

明治十九年五月以降、井上馨《いのうえかおる》外相による条約改正交渉が続けられていたが、これに対して全国的な反対運動が高揚、翌年九月以降、新潟でも旧自由党・改進党両派が大同団結

図20　北越学館の教師・生徒たちと（前から２列目，右から３人目が加藤．『回想の加藤勝弥』より）

して条約改正中止建白運動が展開されることとなり、元老院に次々と建白書を提出する一方、県内では条約改正中止建白協議演説会・懇親会が開催される。運動の開始当初から関与していた加藤も、これに参加している。

明治二十一年四月に開かれた臨時県会では、加藤は内国勧業博覧会費をめぐって積極的な発言を展開している。県側がこの費用を官費でまかなうと提案したところ、加藤は、県側は「今日ノ人民未タ進歩セサル」ために官費を用いるとしているが、これは「大ナル謬《びゅう》見《けん》ナリト謂《い》フベシ」と批判した。今日の人民は明治十四年の第二回勧業博覧会のときに比して「大ニ進歩」しており、これを同一視するのは「人民ヲ軽蔑スルモノト謂ハサルヘカラス」と加藤は難じている。民心の進歩に対する信頼に裏打ちされた発言であるといえよう（「新潟県第十四回臨時県会議事録」新潟県立図書館蔵）。結局、県側の提案は否決され、県は各郡区長を通じて有志から寄付金を募って出品を援助することとなった。

また当時、県では検黴費《けんばい》・駆黴費を支出して公娼制度を支えていたが、加藤は明治二十二年十月五日、松村文次郎《まつむらぶんじろう》とともに通常県会に「娼妓及貸座敷営業廃止ノ建議」を提出して、その廃止を訴えた。建議では、最も「賤」にして「醜」なる営業は娼妓と貸座敷だと述べ、これは「士女ノ風俗ヲ紊乱《びんらん》シ以テ一国ノ貧弱ヲ致タス」と力説している。加藤は議場でも、娼妓は一国の体面と一身の「天賦ノ自由」を損なう「不潔不道徳」の極みだと主張し、同胞の姉妹の救済は義務であると述べ、山際もこれに賛成したが、反対多数で否決された（「新潟県第十二回通常県会議事録」新潟県立図書館蔵）。加藤は再三県会に公娼廃止建議を出し、そのたびに否決されているが、こうした取り組みは「信仰のための政治」の具体的実践であったといえよう。

大同団結運動

この間、後藤象二郎《ごとうしょうじろう》を中心とする大同団結運動が盛り上がり、新潟でも後藤を迎えて明治二十一年七月に懇親会を開くこととなり、加藤は発起委員の一人となり、その接待費十円を拠出した上で、懇親会に出席している。六月二十

図21　後藤象二郎（『後藤象二郎』より）

九日付で加藤、山際、鈴木などの発起委員が有志に宛てた書簡には、「翌十一日懇親会ヲ開設、相互ノ意思ヲ談話シ、将来ノ親睦ヲ期セント欲ス。有志ノ各位来会アレ」とある（「山際家文書」山際家蔵、新潟県立文書館寄託）。

大同団結運動が高揚する一方で、中越、下越方面では北辰自由党解党以来旧自由党系の政治結社がなかったため、山際らが結社設立を企画し、明治二十二年三月に加藤も参加して協議した結果、名称を越佐同盟会とすることが決まり、その規約において、「自由平等ニ基キ国民多数ノ福祉ヲ増進」すること、責任内閣制の樹立、選挙権の拡張、政費節減、教育の自由、地方分権、貿易の促進、条約改正などを方針として掲げた。大同団結運動のスローガンに照応した内容だが、規約は他にも存在し、そこでは成年男子納税全員に選挙権を付与すること、司法権の独立と財産生命の保護、国権論・対外硬論などが打ち出されていた（『新潟県政党史』、金原《きんばら》左門《さもん》「明治国家体制と自由党系政社の動向―越佐同盟会を中心に―」)。大同団結運動は、当の後藤が政府に入閣することによって動揺し、大同倶楽部と大同協和会との分裂が発生して、同盟会は前者に属すこととなった。大同倶楽部は国威伸張を旗印に掲げていたため、同盟会は条約改正問題に対処することとなり、大隈重信《おおくましげのぶ》外相によって進められていた条約改正交渉に反対する姿勢を示し、明治二十二年七月、加藤も参加して協議会を開き、条約改正中止の建白書草案を決定、八月三日付で元老院に提出されたたが、却下された。

衆院選へ

加藤は明治二十三年四月の県会解散まで県議を務めたが、この県議時代は、にわかに終わりを告げる。七月に実施される衆院選に出馬するためであった。同年五月には加藤らが岩船郡協会なる結社を組織しているが、『新潟新聞』(明治二十三年五月三日付)が「其目的とする所は、有志の人を集めて国家の元気を養成するに在りとのことにて、表面政党にはあらさる由なれとも、内実大同主義の団体を組織するものなりといへり」(『新潟新聞』明治二十三年五月三日付)と観測しているように、大同派の政治団体、具体的には加藤の選挙支援団体というのが実像だったようである。当時北越学館の学生の間では、加藤は全財産を三つに分け、一は北越学館の維持資金に、一は衆院選挙費用に、一は家族の生活資金に当てていると噂されていたという。

明治三十一年刊行の広田三郎編『実業人傑伝』によると、第一回衆院選に新潟二区から出馬した加藤は、選挙戦で反対派からキリスト教徒である点を攻撃され、神官や僧侶などからも批判を受けたものの、「基督信者として国家に尽すの精神を機関新聞に掲載して」これに応戦し、当選を果たした（『実業人傑伝』）。『日本帝国国会議員正伝』も、「彼は耶蘇《ヤソ》教徒なり、彼は宗教部内に身を置き、幽冥霊魂の事を談ずるを以て職となし塵世《じんせい》の外頓着なき傾きあり」などと批判されながら当選したと伝えている（『日本帝国国会議員正伝』）。加藤はキリスト者であることを前面に押し出し、選挙演説も村上教会長老の肩書きで行った。加藤にとって政治は信仰のためのものであり、「基督信者として国家に尽すの精神」を発揮する舞台が政界であった。帝国議会開設時には十数名のクリスチャン議員が誕生したが、彼等は議会開会中同じ教会で礼拝を守ることを申し合わせ、まず選ばれたのが、加藤の属していた数寄屋橋教会であった。

鈴木昌司の死

明治二十三年に衆議院議員となった加藤は、二十五年に再選され、その後、弟・林吉の事業監督にあたるため渡米して二十六年に議員を辞職、以後しばらく政界を離れるが、三十二年九月に県会議員に復帰、立憲政友会が組織されるとその新潟支部評議員となる。明治四十四年の改選時に県議を退任すると、翌年には衆議院議員に再選。大正四年（一九一五）には再度県議となり、大正八年までこれを務めたあと、大正十年四月に倒れ、十一月五日、死去した。

加藤の政治生活は、明治十二年の県議当選から明治二十七年の衆議院議員辞職までの前半期と、明治三十二年の県議復帰から大正八年の県議任期満了までの後半期に大別される。明治二十七年から三十一年までは政治的空白期にあたるが、この間、加藤は羽越《うえつ》鉄道の創立委員となり、郷里の高等小学校新設のため二百円を寄付、さらに日本赤十字社終身会員となるなど、地元産業の発展と社会活動に従事した。すでに財産を処分していた加藤は経済的に困窮していたらしく、明治三十一年八月十六日付で北海道庁長官の杉田定一《すぎたていいち》に宛てた書簡において実弟・弘吉の採用を依頼しているが、それは「小生近頃財政甚タ困却ニテ何分処置付ケ兼候次第」のためであった（「杉田定一関係文書」大阪経済大学図書館所蔵）。加藤自身も片岡健吉《かたおかけんきち》や江原素六《えばらそろく》と接点を保ちながら、定職を得ていない。この、いわば政治的・経済的不安定状態にあった加藤は、明治二十八年四月三十日、山際七司《やまぎわしちし》（明治二十四年死去）と並ぶ新潟の民権運動指導者、鈴木昌司《すずきしょうじ》の死に際会した。加藤はその葬儀に際し、次のような弔辞を贈っている。

　鳴呼《ああ》、痛ヒ哉《かな》鈴木翁ハ逝ケリ。翁ハ北越自由ノ主唱者ニシテ、梓里《しり》ノ領袖ニアラスヤ、而《しか》シテ今マ竟《つい》ニ安《やすらか》ニ往ケル耶《か》、翁ハ愛国憂世ノ士ナリ。夙《つと》ニ自由ノ伸ヒズシテ国権ノ振ハザルヲ慨シ、挺然衆先ヲナシ五タヒ盟ヲ結ヒ、二タヒ獄ニ下リ、一タヒ遂ニ客トナリ、辛酸苦楚ヲ歴盡シテ、気益々《ますます》振ヒ、志愈々《いよいよ》堅シ、赤誠国ニ許スノ傑士ニアラズンバ焉《いずく》ンゾ能ク斯《かく》ノ如クナルヲ得ンヤ。郷党ノ士人翁ヲ押シテ梓里ノ領袖トナスモノ信ニ故アル也。而シテ、其志業ハ未タ半ナラスシテ、翁ヤ長逝ス。豈《あ》ニ痛嘆ヲ堪ユ可《べ》ケン哉《や》。拝手翁ノ霊ヲ送ル。不文ノ辞ヲ以テス翁其レ之ヲ享ケヨ。（「鈴木家文書」上越市吉川区・善長寺蔵）

この弔辞を読みながら、加藤は、「自由」や「国権」のため、「獄ニ下リ」ながら「辛酸苦楚」を重ねてきた、自らの政治的前半生を回顧していたのではないか。山際が去り、鈴木が逝き、加藤は残った。「其志」を継ぐべき加藤自身は、政界と一定の接点を保ちつつ、次なる地位を模索していた。

晩年の加藤を支えたもの

加藤勝弥は、山際や鈴木に次ぐ指導者として、新潟の民権運動を牽引した。その政治活動を通観するとき、言論や議会、民心向上、女性の権利を重視する姿勢が見て取れると同時に、これらを実現していく路程が、順風満帆なものではなかったことがわかる。政治活動の劈頭《へきとう》に立った加藤は、家業への執着のために躊躇し、母の後押しを受けて県議生活をはじめた。岩船協同会の組織も病中に同志の督促を受けてのものであったし、民権家時代の加藤には、この健康不安の影が寄り添い続ける。馬場や板垣を迎えて熱弁をふるい、民権家として華々しく活躍しているかにみえた明治十四年十月二十一日においてさえ、彼は小柳に次のように書き送らねばならなかった。「出京ノ儀ハ県会之節も申上候通ノ次第ナレハ、遺憾ナカラ之ニ当ルヲ得ス。加之《しかのみならず》追々メンケンノ候相増シ何共進退ニ相困リ候」（「小柳文書」立教大学図書館所蔵）。建白運動は繰り返し政府の抵抗に遭い、二度の逮捕を経験し、財産も散じた。加藤を悩ませた「メンケン」とは、めまいのことである。

かかる加藤を支え続けたのは、母の支援、同志の協力、そして権利・自由の実現や民心向上への熱意やキリスト教の信仰であった。そして、この信仰と政治活動との関係もまた、葛藤の末に整理・構築されたものだったのである。

「挙兵」から救世軍へ

村松愛蔵

その劇的生涯——出生から民権運動、代議士へ

過激なる人生

村松愛蔵《むらまつあいぞう》は、愛知県を代表する自由民権家、そして自由党激化事件のひとつであり、加藤勝弥《かとうかつや》が逮捕された高田事件《たかだじけん》の翌年に起きた飯田事件《いいだじけん》の首謀者として知られている。憲法発布の大赦で出獄後は衆議院議員として政界に復帰したが、日糖事件《にっとうじけん》とよばれる汚職事件によって五年間の禁固刑を受け、以後、政界からは引退して長く救世軍《きゅうせいぐん》の活動に従事した。

青年時代、最終的には政府転覆計画に到達するまでに自由民権運動に挺身し、立憲政体の成立に情熱を傾けた村松が、なぜ、一疑獄事件を契機として政界と一切手を切り、救世軍の活動に専念するにいたったのか。本書の関心は、主にここにある。村松は日糖事件の

下獄期間にはじめてキリスト教と出会ったわけではない。幼年時代からその感化を受け、飯田事件の大赦後には入信さえ考えたといわれているが、結局は政治活動を優先させ、キリスト者となることはなかった。その村松が、日糖事件によって政治活動を捨ててキリスト者の道を選んだのである。それは、なぜか。

村松研究の課題

従来の村松研究は、伝記のほかは、大きく、飯田事件の首謀者としての思想や行動と、救世軍士官としてのそれとに大きく分けられており、この両者の間に横たわる信仰と政治の関係については、十分光があてられてこなかった。本書がこれをもってテーマとする所以《ゆえん》である。

図22　村松愛蔵（『自由党史』より）

もっとも戦闘的であった民権家が、やはり戦闘的なキリスト者に転身する。それは一見、よくある変化にみえるかもしれない。しかし、前章で検討した新潟を代表する民権家・加藤勝弥は、信仰と政治の両立に悩み、信仰のための政治を志して生涯をクリスチャン政治家として過ごした。また、「『立志社』から衆議院議長・同志社社長へ」で論じたように、民権運動の草分けの一人である片岡健吉《かたおかけんきち》は、信仰と政治の二足の草鞋《わらじ》を履き続け、結局、衆議院議長兼同志社社長在任のまま、死去するにいたっている。村松のケースはこれとあきらかに相違しており、むしろ、片岡の同志で、政治に挫折して北海道での開拓と伝道の道を選択した坂本直寛《さかもとなおひろ》に類似している。では、その内面における信仰と政治はいかなる関係を有していたのであろうか。

民権運動へ

村松愛蔵は、安政四年（一八五七）三月二日、三河田原《たはら》藩で家老職を務めてきた名家・村松家の長男として誕生した。慶応元年（一八六五）に藩校成章館《せいしょうかん》に入り、その傍ら鈴木才三《すずきさいぞう》、村上昭武《むらかみあきたけ》などに就いて英語を学んだ。慶応二年、父の隠居に伴って家督を相続し、さらに十二歳で城中に初出仕したが、まもなく版籍奉還、廃藩置県を迎える。廃藩後、解職された村松は東京神田駿河台のロシア人宣教師ニコライ・カサートキン（Иван Дмитриевич Касаткин）の塾に入ってロシア語を学びはじめ、さらに、外務省語学所でロシア語を専攻し、政治学を研究した（在学中に外務省語学所は東京外国語学校に合併）。明治九年（一八七六）、「肺病と放蕩の為に退校の余儀なきに至った」（「村松参軍伝補遺（上）」、河合光治編『代議士より救世軍士官に』）。

村松は、いったん帰郷して静養していたが、この頃、西南戦争《せいなんせんそう》が勃発、そして終結して反政府運動は自由民権運動として盛り上がりはじめ、明治十一年には愛国社《あいこくしゃ》が再興、明治十三年には国会期成同盟が結成された。こうした政治動向に感化された村松は田原で同志とともに明治十三年七月、「恒心社《こうしんしゃ》」を結成して、西三河の内藤魯一《ないとうろいち》などと呼応して国会開設運動に参加することとなり、さっそく内藤とともに国会開設請願書を携えて上京をめざし、村松は途中で急病のため倒れたものの、内藤がこれを提出するにいたった。以後、村松はさかんに国会開設の遊説を行い、憲法草案も起草、明治十四年に自由党が結成されると、これに入党した。同年には村松と内藤が中心となって愛知県出身者による「自由党懇親会」を開催し、計六十四名がこれに参加している。

この明治十四年には田原でも青年結社「如水社《じょすいしゃ》」が結成され、夜学・討論・論文執筆などの修練を行うことになると、村松も賛成員としてこれに参加して演説会などを開いていている。翌年三月に板垣退助《いたがきたいすけ》が田原を訪れて演説会を開くと、村松が開会の辞を述べ、板垣は国家統治法、民選議院設立の必要を説いたという。同年末に村松は『愛岐新報《あいぎしんぽう》』の主筆となった。自由の大義、政体の革新、憲政の実現、そして政府の専制批判が、その論旨であったという。地元では政治活動のため散財するのではないかとして、こうした活動を止める動きもあったようだが、「余ハ既ニ一身ヲ供シテ自由ノ為メ国家ノ為メ尽力スルコトヲ期セリ。何ソ区々タル家財是レ顧ミルニ遑《いとま》アランヤ」（鈴木金太『衆議院議員候補者評伝』）といって退けたといわれている。

飯田事件

寺崎修博士や手塚豊博士の研究によると、言論弾圧によって『愛岐日報』の活動を圧迫された村松は明治十七年春、同志の八木《やぎ》重治《じゅうじ》、川澄徳次《かわすみとくじ》と共謀して明治政府を弾劾《だんがい》する檄文《げきぶん》を秘密出版し、政治変革を目指す計画を立案した。秘密出版は、ロシア語に通じていた村松がロシア虚無党の戦術にならったものだといわれている。檄文は、明治政府が五箇条の誓文を守らず、「武断シテ以《もって》中央ノ権力漸《ようや》ク長ジ官吏タルモノ其座ノ暖マルニ随ツテ頗《すこぶ》ル暴悖《ぼうはい》ノ心ヲ萌生《ほうせい》シ」ている、などと徹底的に批判し、国会を設けることこそが「聖旨」であることはあきらかだとした上で、「政府ヲ革《あらた》メ、以斯《し》国《こく》ヲ正サヾルベカラザル也。起テヨ同胞諸君、奮ヘヨヤ同胞諸君、進ンデ革命ノ義挙ヲ取リ、速ヤカニ賊魁《ぞつかい》ヲ誅戮《ちゅうりく》セヨ」と呼びかけたものである（鈴木清節編『三河憲政史料』）。しかし、檄文配布は警察の警戒が厳重で資金収集もうまくいかないため頓挫し、実力行使、すなわち挙兵によって明治政府を打倒する決意を固めることになる。「愛国義党」というのが、挙兵集団の呼称だったようである。募兵も思ったようには進展せず、周囲の自由党員からの賛同も得られなかったため計画は延期余儀なくされたものの、静岡事件の関係者などと綿密に連携をとって計画を進めていったが、密告をきっかけに未然に発覚し、村松は十二月五日に名古屋警察署に勾留された。重罪裁判所において判決が下され、村松は内乱陰謀罪によって軽禁獄七年を言い渡された。

刑期は明治二十五年十月までとなったが、明治二十二年二月の憲法発布の大赦によって、村松は出獄する。すぐに政治活動を再開した村松は、後藤象二郎《ごとうしょうじろう》の大同団結運動に参加して全国を遊説し、名古屋で刊行されていた『扶桑《ふそう》新聞』で筆をふるいながら、明治二十三年に板垣退助を総理とする立憲自由党が結党されると、これに入党して評議員となった。同年に行われた第一回衆議院議員選挙では、周囲から大いに出馬を期待されながらも納税制限によって被選挙権を得られなかったため出られず、明治二十七年には東学党《とうがくとう》の乱《らん》の視察のため渡韓し、翌年にも戦後の視察として再び渡韓、明治二十九年から三十年にかけては参謀本部の委嘱を受けて、インドからエジプト、トルコ、さらにロシアなどを数ヶ月にわたって視察した。

かくして見聞を広めた村松は、明治三十一年三月の第五回衆議院議員選挙で当選して政界に復帰し、自由党、憲政党、立憲政友会に所属、後述する日糖事件にいたるまでおよそ十年間、断続的に代議士生活を続けることになる（正確には、明治三十一年の第六回衆院選には出馬せず、三十五年の第七回衆院選では落選、翌年の第八回、三十七年の第九回、四十一年の第十回衆院選では、いずれも当選している）。

全国自由党青年大会

外遊から政界復帰にいたるまでには、いかにも戦闘的民権家らしい村松の政治的活動があった。松方内閣が第十一議会に臨むにあたり、進歩党が提携を絶ったため、自由党内から薩派内閣と提携しようとする動きがではじめ、自由党内には賛否両論が噴出した。明治三十年十二月十五日、外遊から帰国した村松が会長となって全国自由党青年大会を開き、現内閣は「近クハ財力ニ訴テ買収ヲ逞《たくま》シクシ、今ヤ武力財力其衛《そのまもり》尽キテ猶ホ且ツ悔非ノ途ニ就ク能ハズ、其頑冥不尽ナルヤ憲法ヲ蹂躙シ、国政ヲ欺弄シ、今ニ至ル迄一善行ヲ見ルニ足ルベキ者ナシ」と糾弾し、速やかに現内閣を更迭して「剛健ナル国民的新内閣ヲ組織」するよう求める決議を採択した。これにより内閣との提携派は打撃を受け、第十一議会では劈頭《へきとう》で内閣不信任案が可決、衆議院が解散されるにいたった。こうした経緯があったため、村松の選挙区の名望家が彼を推薦するにいたり、代議士となったのである。語学力や外遊体験を評価されたためであろうか、自由党の外務副部長となって外交に関する質問案などを作成した。その後隈板《わいはん》内閣が成立すると、村松にも地方知事任用の声が挙がったようだが、本人は「隠居役は御免」といって辞退したという（『衆議院議員候補者評伝』）。こうした戦闘的姿勢があったためであろう、明治三十五年の選挙に際しては、村松は「自由平等博愛主義の化身なり……君が所謂《いわゆる》徳望なるもの此等《これら》実践躬行《きゆうこう》の化石なり」などと評された（『衆議院議員候補者評伝』）。

キリスト教への迷い

村松がキリスト教の教えを聞いたのは、明治十四、五年頃、彼が盛んに政治活動を展開し、新聞への寄稿も積極的に行っていた時期のようである。

村松自身へのインタビューに基づいて作成された「村松参軍伝補遺（上）」と題する資料によると、「初めて基督教を聞いたのは二十歳を超え、新聞記者の時であった」と村松は回想しており、「若い時から仏教へは縁遠く、基督教の方へと自然とひっぱられた」と述べている。これより十年ほど前、ニコライのもとでロシア語を学んでいた際にはキリスト教への意識は薄かったらしく、ニコライから「お前は宗教をやる心算か、単に露語を学ぶ心算かと問はれ、後者だと答えた。すると、それではいけないとて、忽《たちま》ちことわられて了《しま》った」。外務省語学所に転じたのはそのためであるという（「村松参軍伝補遺（上）」）。後述するとおり、キリスト教からの感化は幼少期から受けていたと思われるが、それは未だ希薄なものであり、自覚的な接点が生まれたのは二十歳頃であった。

こうしてキリスト教に接し、それに引き込まれていった村松は、明治十四、五年頃には、「自分の選挙区を率ゐて基督教へ飛び込まうかと考へ」たこともあったが、「余り基督教を真正面からやつては政治的名声を損ふだらうと気遣つた」ため、周囲から入信を勧められ、日曜礼拝に参加することはあっても、「未だ確実な信仰を握るには至らなかつた」という。この時点では、信仰は未だあいまいであり、政治活動こそが優先されるべきことがらであった。後年、救世軍への入隊にあたって村松は、「私は昔から基督教に因縁が深く、憲法発布の年に基督教に入らうと思つた程です」と告白し、大赦時には入信しようとするまでになり、先述のインド・トルコ・ロシア訪問の際も『聖書』を持参していったものの、同時に儒学や仏教なども研究しており、信者となるにはいたらなかったとしている。こうしたキリスト教との微妙な距離感が、以後、日糖事件にまで続くことになる。ただ、「禁酒といふ位のことならよからうと思つた」ということで、禁酒会の機関誌を購入して村役場などに配布したことはあったという（「村松参軍伝補遺（上）」）。

さて、帝国議会議員としての村松について着眼するとき、もっとも注目されるのは、すでに触れた、明治三十二年に山県有朋《やまがたありとも》内閣が提出した宗教法案だが、あいにく貴族院で先議され、かつ貴族院で否決されているため、村松の態度はわからない。ただ、明治三十九年、未成年者への酒の販売、飲酒などを禁止する未成年者飲酒禁止法案が提出された際、委員に選出された村松が、成年者の飲酒を禁じた第一条の但し書きに、「但凶礼式ノ場合ニハ之ヲ適用セズ」と挿入してほしい、と発言しているのは注目されよう。キリスト教会での儀式ワインの使用を意識したものかと思われる。このほか、議会での発言は比較的多いが、いずれも宗教的事項とは関係なく、彼が宗教家としての自負よりも、あくまで一政治家、とりわけ外交通のそれとしての自負をもって活動していたことが推察される（「帝国議会会議録検索システム」）。

転機としての日糖事件

日糖事件

明治三十年代、日本最大の製糖会社であった大日本精糖株式会社（日糖）が、事業の不振を打開すべく帝国議会での原料輸入砂糖戻税法改正案の成立、および砂糖官営実現などを達成しようと代議士の買収などを行い、政友会、憲政本党などの多数の代議士が検挙された。いわゆる「日糖事件」である。村松は明治四十二年（一九〇九）四月十五日に検挙され、「賄賂を収受し又は聴許し」たとして、同年七月三日、東京地方裁判所において重禁錮五ヶ月の判決を受けた（雨宮昭一「日糖事件」、我妻栄編『日本政治裁判史録　明治・後』）。五月二十五日から開始された公判での村松は、特に自身を弁明しようとはせず、控訴の勧めも断って「私は神の裁判を受けます。人の裁判は受けません」といって服役したといわれている（小沢耕一『回天の志士　村松愛蔵』）。

　この発言にあらわれているように、かつて政治活動のゆえにキリスト教信仰の表面化をしぶっていた村松は、公判開始時、さらに判決後には、あきらかに変わっている。この間の村松に何が起こったのか。村松自身は、四月に逮捕されて未決監の独房に入れられた際、「著しい霊的経験を握った」と述べている。「パッと四、五本の火が来て」胸を打ち、これが「火のバプテスマ」ではないかと思ったという。まさに「ダマスコ途上のパウロの其の如き経験であった」。それからは監獄生活が愉快でならなくなり、出獄後はどうすべきかと神に祈り求め、救世軍のもとにいくことを決意したという。十二月五日に出獄した村松は、そのまま救世軍本営へと向かって山室軍平《やまむろぐんぺい》と面会し、「救世軍へ入れてくれと頼んだ」ため、関連書籍を受け取って読みふけった（「村松参軍伝補遺（下）」『代議士より救世軍士官に』）。十二月八日付の『東京朝日新聞』は「村松愛蔵と語る」と

図23　山室軍平

題する記事を掲げ、「私の獄中生活は経木《きょうぎ》真田《さなだ》と聖書の研究、使徒行伝も読みましたし百約記も読みましたがまだまだ研究が足りません、最《も》う今日からは新生涯に入るのです」という六日付の村松の談話を伝えている（『東京朝日新聞』明治四十二年十二月八日付）。「新生涯」のスタートは、救世軍からの人生の再出発であった。

心境の変化

村松はこの間の経緯と当時の心境について、明治四十三年一月一日付の鈴《すず》木才三《きさいぞう》宛の年賀状で、次のように記している。

昨年意外ノ厄ニ遭ヒ候処、コレ普通ノ危難ニアラスシテ、実ハ神様ノ御業《みわざ》ニテアリシコトヲ確信仕《つかまつ》リ候。拘引後三日間ハ何事カ何故カト少シク煩悶致シ候得共《そうらえども》、一旦御救ヲ得ルヤ豁然トシテ覚悟シ、手ノ舞足ノ踏ムヲ知ラズトイヘル状態ニ相成リ申シ候。私ハ思ヒマシタ、身体ハ狭キ処ニ押シ込メラレタレドモ、心ハ自由ノ境ニ遊ブヲ得、何等ノ幸慶ゾト。天道ハ是也公也、一方ニ奪ヘバ一方ニ与フ。天道ハ是耶非耶《ぜかひか》ト申シ歎ク者コレアリ候得共、私ハ明瞭ニ断乎トシテ、天道ハ極メテ公平至テ無私ナルコトヲ承知シ得タルコトヲ感謝罷《まか》リ在リ候。コレト申スモ多年御母様及貴兄ノ御教訓、然《しか》ラシムル所ト深ク奉感謝候。敬白基督教会ヲ視ルニ日本ニテハ、目下最《もっとも》多ク活動スル者ハ救世軍ナルガ如シ、神ハ自ラ助クル者ヲ助ク。僕ハ救世軍ニ投ズベク命ゼラルルヲ感知ス。今後相替ラズ御示導願ヒ奉リ候。(『回天の志士　村松愛蔵』)

逮捕直後に強烈な霊的体験を得たことによって、村松はこの事件による入獄を「神様ノ御業」、「極メテ公平至テ無私」なる「天道」の業ととらえ、したがって公判でも抗弁することなく服役して「自由」な監獄生活を送り、出獄後は、最も活動的だと考えられた救世軍に走ったのである。それもまた、神の「命」ととらえられていた。救世軍側によると、村松が救世軍の名を脳裏に刻んだ背景には、逮捕の少し前に『朝野新聞《ちょうやしんぶん》』に大石正巳《おおいしまさみ》が「ロンドン通信」を寄せ、これにより現地の救世軍の隆盛について伝えたこと、さらに、明治四十年四月に救世軍の創立者ウィリアム・ブース（William Booth）大将が来日し、板垣退助《いたがきたいすけ》がこれを見送りに出たのをみたこと、さらに、芝公園で救世軍の青年が機関誌『ときのこゑ』を売っているのを買い求めたこと、などがあったといい、『ときのこゑ』を持ち帰った際には自宅で夫人に「僕が若《も》しヤソになるなら、救世軍になるよ」と述べていたという。こうした経験を日糖事件での未決監で思い出し、罪を悔悟して救世軍に行こうと決心した（山室軍平編『代議士から救世軍士官に』）。大正十五年（一九二六）に出版した『救世軍略史』において山室軍平は、ブース大将の来日以降を救世軍の「発展の時代」と位置付けた上で、ブース大将が各地で大歓迎を受けたこと、明治四十一年には大連《だいれん》婦人ホーム、

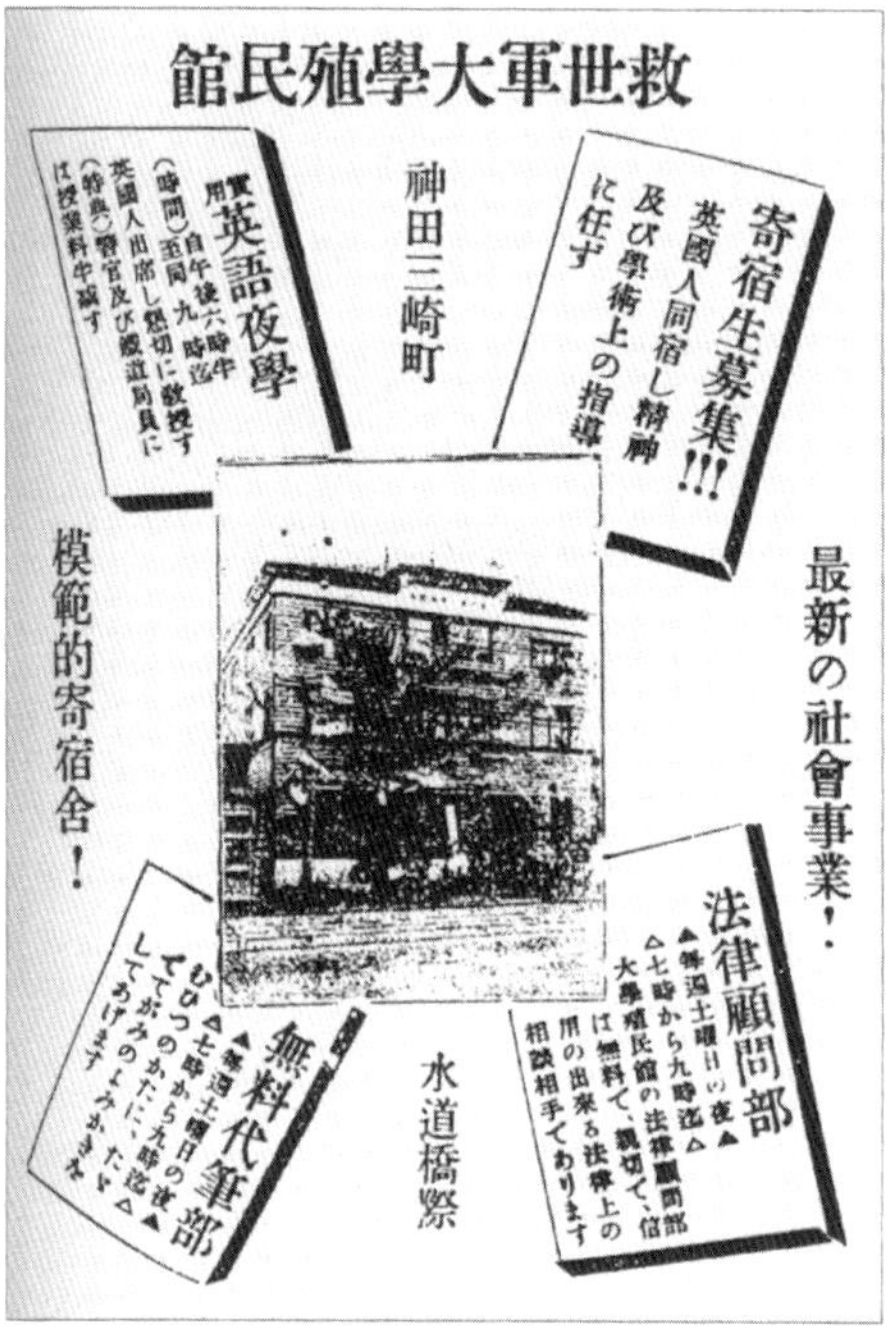

図24　救世軍大学殖民館開設を伝える『ときのこえ』の広告（『救世軍日本開戦百年記念写真集』より）

東京の神田三崎町に「大学植（ママ）民館」と呼ばれる寄宿舎が新築され、講演や講談、法律相談や貧民医療、身上相談などに乗りだし、明治四十二年には内務大臣平《ひら》田《た》東助《とうすけ》からその「慈恵救済事業」について評価されて五百円を下付された経緯などについて記している（山室軍平『救世軍略史』）。禁酒運動にも、かねて熱心に取り組んでいた。こうした全体的な趨勢や活動ぶりも、村松の背中を押したにちがいない。

図25　救世軍本営

年賀状の宛先となっている鈴木才三は、先述のとおり幼少期の英語の師であるとともに、明治二十三年頃、村松が政府批判の健筆をふるっていた名古屋の『扶桑新聞』の主宰者で、慶應義塾出身の敬虔《けいけん》なクリスチャンであった。おそらくは当時から、鈴木からは入信の勧めをうけていたのであろう。それから二十年近くを経て、村松は「貴兄ノ御教訓、然ラシムル所」に到達したと感謝の念をつづったのである。前年十二月二十日付の別の書簡では、「明治十七年の拘引より二十二年の大赦に至るの間、得る所少なからざりしと雖《いえど》も、然れども今回の如く判然確乎たるものを握る迄には到らざりし也」と、飯田事件での収監中は今回の如くキリスト教信仰の確信を得るには到らなかったことを回顧し、「今や政界には致命傷を得たるもの、否、寧《むし》ろ自殺を遂げたるものと謂《い》はざる可からず」と政界における展望が絶望的になったことを受け止めた上で、「一歩を進めて僕は宗教界に投ぜんと欲す」と今後の方向性を宣言していた（『三河憲政史料』）。

救世軍士官へ

年賀状の二日後の明治四十三年一月三日、神田橋畔の和強楽堂で救世軍の特別集会があり、村松は救世軍に入隊するにいたった。入隊式で宣誓を求められた村松は、「私は村松愛蔵と申します。只今救世軍の兵士として入隊するの光栄を得まして無上の快楽を感じます、私は代議士として体面を汚す様な大失態を演じて赤衣の人となり漸《ようや》く出獄しました、肉体は警察官、裁判官のために囚はれましたが、私の霊魂、精神は在天の神の恵を受けて生来曽《かつ》て覚えざる歓喜をかんじます、私は残る半生を神の僕《しもべ》として十字架を背負ひ道のために尽します」と述べた（『東京朝日新聞』明治四十三年一月五日付）。

入隊を受け入れた救世軍側では、『ときのこゑ』（救世軍日本公報）一月十五日号において、「村松愛蔵氏の入隊」と題する記事を掲げ、「村松愛蔵氏が和強楽堂の信念集会にて入隊式を受けられし事は、大に世の人の注意を惹き起した様子である」とした上で、「神は悔改を以て人の美となし給ふ」として、「ダビデに貴きは其大なる罪を犯したるにも拘らず、思切て美事に悔改をなしたることである。私共は世の人が、皆村松氏のごとく深く自らを省みて、真面目に基督の救を求めんことを希望して止まざる者である」と論じている（『ときのこゑ』明治四十三年一月十五日号）。村松の「罪」を、キリスト教における「罪」ととらえ、そこからキリスト者の道を選んだ村松を悔い改めの模範として評価していたわけである。さらに同紙記者は、日曜の聖別会に訪れた村松と会談し、その内容を二月一日付の紙面に「村松愛蔵氏と語る」と題してその内容を伝えている。記者は村松に対して、いつキリスト教に接近したのかと問い、これに対して村松は次のように答えている。長文だが、重要と思われるので引用しよう。

図26　代議士から入隊した村松愛三夫妻
（『救世軍日本開戦百年記念写真集』より）

私が今日に至りましたのは。誠に次第次第に導かれたのですから、何時からどうと云ふことも出来ませぬが、明治四十五年豊橋で英語を習つた其頃《そのころ》から多少其となく基督教の感化を受けたのでせう。其後亡くなつた福沢諭吉《ふくざわゆきち》先生、中村敬宇《なかむらけいう》先生、それから今も存命で居られる加藤弘之《かとうひろゆき》博士等が寄つて明六雑誌《めいろくざつし》と云ふ雑誌を出して居られた頃、其中にあつた基督教主義の文章等も矢張多少の印象を残したに相違ありませぬ。其から明治十年の戦争が起る国会の運動に投じると云ふ様に、学生をやめて政治運動に身を寄せましたから、信仰の方はそれきりと云ふ様になつて居ましたが……禁酒会の刷物を送り出した様なこともあります。其頃から私の従妹に鈴木かいと申す婦人がありまして、基督を信仰して居りましたので、屢々《しばしば》聖書をくれたり等致しました。夫《それ》から妻の母も清水かぎと申して矢張基督信者でありましたから、其等の婦人達の感化を受けて私の心は余程動いては来たのですけれ共、兎に角あの辺は真宗の根拠地の様なものですから、断然たる決心も出来ずに居ました。……こんな中に今度の様なことになり、事が始まると共に法律は扨置《さて》いて神様に対しては勿論《もちろん》大罪人であると思つたものですから、早速神様の前に罪を赦し、思ひ切て基督に縋《すが》つてしまひました。実に此様なよい折は復《ま》たとないと思つたからです。（『ときのこゑ』明治四十三年二月一日号）

これにより、民権活動に挺身している当時は信仰には不熱心だったこと、周囲の勧めにも乗らなかったこと、しかし禁酒運動には従事したこと、などが確認できるとともに、地元での修学時代からすでにキリスト教の感化を受け、明治初期の啓蒙思想家からもキリスト教主義の影響を受けたこと、さらに、キリスト教信仰に対する阻害要因として、地元が「真宗の根拠地」であったこと、そして、日糖事件における逮捕を、法律問題は差し措いてキリスト教における「罪」としてとらえ、神に救いを求めた結果として、クリスチャンになったという、これまでほとんど知られてこなかった経緯をうかがい知ることができる。

先述のとおり、村松は「若い時から仏教へは縁遠く」、それゆえにキリスト教に接近していったとしているが、個人としては仏教と縁遠かったことがキリスト教への道となり、逆に土地としては縁深かったことが、その道にとって障害となったのであろう。村松は幼少期、そして修学期においてキリスト教の感化を受け、二十歳頃には具体的な教えに耳を傾けるようになったが、いまだ信徒となるまでには信仰は深まらず、そのときは日糖事件による入獄を待たねばならなかったのである。

かくして村松は天命を悟り、長い迂回を経てキリスト者としての道にたどり着いて、政界とは一線を画しながら、救世軍銀座小隊に配属され、小隊長高城中校のもとで働くこととなった。郷士からは政界復帰を期待する声があがったが、自分の政界入りは誤りであったとして、いまは神に仕え、社会の腐敗を矯正して人間の魂の入れ替えをする決意だと断ったという。同年九月には救世軍士官学校に入校し、以後、同軍の活動に挺身していくこととなる。妻のきみも明治四十四年一月に救世軍士官学校に入校し、活動をともにしていく格好となった。

晩年の村松──救世軍士官として

相談部の人生

村松は大正二年（一九一三）に小校、同八年に中校、同十五年に参軍に昇進し、主に救世軍本営で人事部相談部主任として、心霊、職業、疾病、異性などさまざまな問題を取り扱い、その件数は合計二万八千六百三十三件に及んだ。大正十年に郷里の尋常小学校教員・近藤博に宛てた書簡のなかで村松は、「私ハ東京ノ今ノ立場ヲ一日モ離レ能《あた》ハザル状態ニコリ有リ候間、当分ハ毎日毎日本営ノ一室ニテ立チ籠ツテ出来ル限リノ微力ヲ致シテ、可成《かなり》多数ノ方々ノ御相談ノ御相手ヲ致シテ喜ンデ居ルコトヲ御承知置下サレ度候」と書き送っており、相談業務に精励し、手応えを感じている様子が見て取れる（『回天の志士　村松愛蔵』）。救世軍側でも、村松の人事相談について、「救世軍本営に在りての人事相談は、彼の老練と世話強いのとを以てして、一部の社会の呼び物となつて居る」と評価している（『救世軍略史』）。このほか村松は、親交のあった高津高二宛の昭和六年（一九三一）六月十日付のハガキで、「中部禁酒連名の組織会」が開催されることを楽しみにしているとし、また「廃娼問題ニ就テ」も取り組んでいると記しているように（「昭和六年六月十日付高津高二宛村松愛蔵ハガキ」田原市博物館所蔵）、廃娼運動や禁酒禁煙運動も呼びかけ、積極的な活動を展開したが、昭和四年（一九二九）には現役士官を引退した。引退後も一宗教家として活動を続けたものの、昭和十四年四月十一日には、八十三歳で死去している。この間、郷里田原のことを祈り続け、田原からも次々と救世軍兵士が生まれていったという。

「闘い」とは何か

村松愛蔵は、キリスト教に触れながらも、当初は信仰的確信が持てず、また政治活動への抵触を恐れて、それを表に出そうとはしなかった。この点、キリスト教信仰を政治活動よりも優先し、どちらかをとれと言われれば前者を選択するとしていた片岡健吉《かたおかけんきち》などとは、まだ信仰の深度が違っていた。それが、日糖事件《にっとうじけん》での入獄による霊的体験によって劇的変化を遂げ、加藤にみられたような信仰と政治活動との優先順位という問題を飛び越して、政治活動を捨てて宗教活動に専念することとなった。

坂本直寛《さかもとなおひろ》は、明治二十九年（一八九六）に政界に失望して政治活動を断念し、伝道と北海道開拓に専念したが、村松は政治への絶望を余儀なくされた環境のなかで、宗教活動への道を見いだし、過去の政治的遍歴をも否定しきった、といえよう。そして、その選択が以後二十年にわたって続き、生涯維持されたところに、この人物の特色がある。民権家としても政府転覆を企てたという、多分に戦闘的であった彼は、魂の救済という新たな目標に対しても、やはり戦闘的であり、それはその間にある代議士時代を凌駕する強い印象を与えるものであった。村松が死去した際、救世軍中将・山室軍平は、「代議士から救世士官へ」と題する論説を『ときのこゑ』に掲げ、次のように述べている。

　十年ばかり前、君は老年のために退隠せられたが、その後も機さへあれば集会に出て、若い者を鼓舞奨励して居られた。君は前日代議士として、国の大政を論議した時に勝り、一救世軍人として貧民弱者に奉仕する間に、真の満足を発見して居られたのである。（『ときのこゑ』昭和十四年五月一日号）

　村松自身、信仰とは「闘い」だという意識を、強く持っていた。年不明の十一月二十三日付近藤博宛ハガキでは、「洗礼ヲ受クル者弐名　天ニ於テ大ナル喜アリンコトナラン求道者ハ起ルコトアラン改心者ハ出ツルコトアラン　キリストノ精兵タル者実ニ希《ま》レナク今回ノ弐名ガ何卒精兵トナラント切ニ祈ル所ニ御座候ハレルヤ」(「年不明十一月二十三日付近藤博宛ハガキ」田原市博物館所蔵)と洗礼を受けた者がキリストの「精兵」となることを祈り、やはり年不明の六月十日付近藤博宛のハガキでも、近藤に「猛進勇戦スル時ナリ……信仰ヨリ信仰ニ恩寵ヨリ恩寵ニ一刻モ猶《なお》臆スルコトナク進展又進展」するよう勧めている(「年不明六月十日付近藤博宛ハガキ」田原市博物館所蔵)。

その「闘い」とは、この世の誘惑との「闘い」であり、また敵を倒す「闘い」ではなく、敵をも愛する「闘い」であった。高津は、大正十五年に村松から村松愛用の『聖書』を贈られ、「村松先生」から特に教えられた箇所に赤線を引いている(内扉に「村松愛蔵」と自筆のサインがある『新約聖書』で、米国聖書教会が発行した大正八年初版の改版で大正十四年発行。田原市博物館所蔵)。その一部を紹介して村松の信仰的態度の特徴とし、この章を閉じたい。

我は汝らに告ぐ、なんぢらの仇を愛し、汝らを責むる者のために祈れ。これ天にいます汝らの父の子ならん為なり。天の父はその日を悪しき者のうへにも、善き者のうへにも昇らせ、雨を正しき者にも、正しからぬ者にも降らせ給ふなり。(マタイ伝)

誘惑に陥らぬやう目を覚し、かつ祈れ。実に心は熱すれども肉体はよわきなり。(マ

タイ伝）
人を怨むる事あらば免《ゆる》せ、これは天に在す汝らの父の、汝らの過失を免し給はん為なり。（マルコ伝）
われ更に汝ら聴くものに告ぐ、なんぢらの仇《てき》を愛し汝らを憎む者を善くし、汝らを詛《のろ》ふ者を祝し、汝らを辱しむる者のために祈れ。なんぢらの頰を打つ者には、他の頰をも向けよ。なんぢらの上衣を取る者には下衣をも拒むな。すべて求むる者に与へ、なんぢらの者を奪ふ者に復求《また》むな。（ルカ伝）
人を赦《ゆる》せ、然《さ》らば汝らも赦されん。人に与へよ。然らば汝らも与へられん。（ルカ伝）

（「愛用の聖書」田原市博物館所蔵）

「言論人」から社会運動家へ

島田三郎

島田三郎という「巨人」――クリスチャンとなるまで

島田三郎《しまださぶろう》は、嚶鳴社《おうめいしゃ》・立憲改進党系の政治家として、また『東京横浜毎日新聞』社長などとして健筆をふるったジャーナリストとして、ひろく知られている。同時に、植村正久《うえむらまさひさ》から洗礼を受け、のちにユニテリアン協会に参加した敬虔なクリスチャンでもあった。政治家としては第一回衆議院議員選挙から連続十四回当選し、衆議院議長も務めた大物政治家であり、立憲改進党から進歩党、立憲同志会、憲政会と、長く大隈系政党の系譜を歩んだ。政治家として、またクリスチャンとして、廃娼運動や足尾鉱毒事件問題などの社会問題に取り組んだことでも知られている。

多方面での活躍

島田についてはこれまで、伝記のほか、長く政治活動を続けたこともあって、自由民権運動時代、議会政治家時代の研究などが、さかんに行われてきた。社会主義に対する発言も多く、これについても詳しい検討が加えられており、ジャーナリストとしての活動についても、そのキャンペーン・ジャーナリズムの実態が詳しく検証されている。島田は文部官僚を務めたこともあって、たとえば改正教育令への関与や音楽教育論に関して検討が加えられ、足尾鉱毒事件や社会問題への関与についての研究などもみられる。

研究の課題

こうした従来の研究では、島田がクリスチャンであったことと、その政治活動・政治思想との関連については、あまり関心が払われてこなかった。

図27　島田三郎（『回顧二十年』より）

そもそも、島田のキリスト教信仰がいかなるものであったかについても、伝記のなかで、若干の考察が加えられているにすぎない。しかし、もっとも信頼されている島田の伝記の著者・高橋昌郎が指摘するとおり、明治十九年（一八八六）の洗礼以来、四十四年頃まで、島田が「この間において、彼は絶えずキリスト教思想に基づいて行動している」（高橋昌郎『島田三郎』）というのが事実であるならば、島田の内面において、キリスト教信仰と政治的信念・思想とがいかなる関係を有していたかは、さらに深く考察されなければならない。この間、島田はキリスト教について多くを語り、行動し、また、積極的な政治活動も展開していたからである。

かかる観点から、筆者は島田三郎におけるキリスト教信仰と政治思想との関わりについて、考えていきたい。

苦学から新聞記者へ

島田三郎は嘉永五年（一八五二）十一月七日、貧しい幕府の御家人、鈴木智英の三男として江戸に生まれた。十三歳で昌平黌《しょうへいこう》に入り、維新後は徳川家の転封に伴って駿河の国沼津に移り、西周《にしあまね》が校長を務める沼津兵学校に入学した。未だ新政府の体制が不安定だったこともあり、旧幕臣として島田は起死回生を念願していたらしく、その回顧録において、「是非駿河へ行つて同志と共に準備をし、再び軍を起して大に志を述べやうと思ふから、其念勃々として抑へ難かつた……西周と云ふ人が沼津に兵学校を建て、盛んに軍人を養成したが、私も亦《また》此処《ここ》へ入つて勉強した」（島田三郎「時勢の波」、島田三郎全集編集委員会編『島田三郎全集』第二巻）とこの間の経緯を述べている。軍事に関する教科の外に外国語科目があり、ここではじめて英書を学んだという。明治四年の廃藩置県後東京に出て、大学南校応用化学科に入学、その後大蔵省附属英学校に転じた。島田がこうして学校を転々としていたのは学資が続かなかったためでもあったため、まずは学資・生活費を稼ぐために、明治六年、こうした知識を携えて、『横浜毎日新聞』に翻訳記者として入社する。記者生活の傍ら、英語力を向上させるため、押川方義《おしかわまさよし》などとともに米国人宣教師サミュエル・R・ブラウン（Samuel R. Brown）に就いて語学を学んだが、これが島田とキリスト教とのはじめての接点であったといわれている。

明治八年、元老院が発足すると、法律や洋書に触れられるということから、島田はその調査課に務めることとなった。ここで上司であった沼間守一《ぬまもりかず》の面識を得、大井憲太郎《おおいけんたろう》、中江兆民《なかえちょうみん》などとも同僚として働いた。沼間はかつて洋行体験をしており、その見聞の結果、西洋では言論活動がさかんであることを知って、帰国後に法律講義会なる組織を設けて

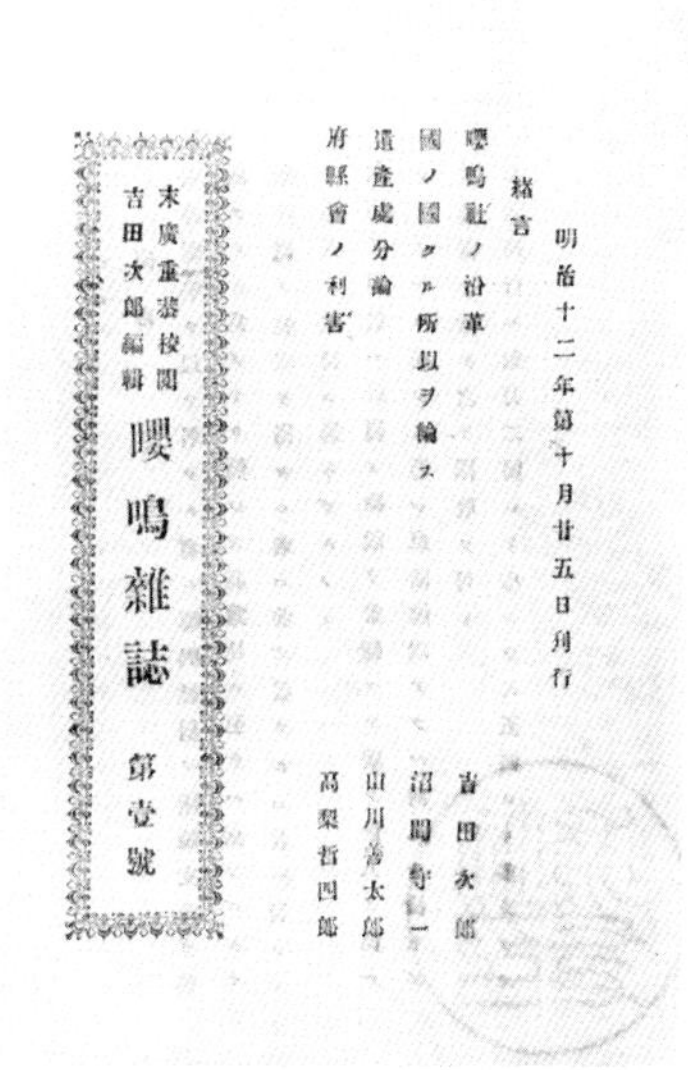
明治十二年第十月廿五日刊行
緒言
嚶鳴社ノ沿革　吉田次郎
國ノ國タル所以ヲ論ス　沼間守一
遺産處分論　山川善太郎
府縣會ノ利害　高梨哲四郎
末廣重恭校閲
吉田次郎編輯
嚶鳴雑誌　第壹號

図28　『嚶鳴雑誌』（東京大学明治新聞雑誌文庫所蔵）

演説討論の練習を行っていた。明治十年の西南戦争《せいなんせんそう》後、自由民権運動がさかんになると、これを嚶鳴社と改名してさかんに演説活動を行い、島田もその一員となる。その後、政府内に籍を置きながら民権運動にも携わる生活を続けたが、文部権大書記官だった明治十四年にいわゆる明治十四年の政変が発生し、参議大隈重信《おおくましげのぶ》の失脚にともなって島田も下野した。『横浜毎日新聞』を改名し、当時、大きな影響力を誇っていた『東京横浜毎日新聞』に復帰した島田は、さかんに欧米の法律論の翻訳を発表し、嚶鳴社の機関誌『嚶鳴雑誌』の主幹も務めて、次第に民権家としての頭角を現していった。明治十五年に立憲改進党が結党されると、その領袖《りょうしゅう》として活躍し、多くの政談演説を行っている。しかし、改進党は外の政党と歩調をあわせるようにして、明治十八年には早くも解党した。

洗　礼

島田が洗礼を受けたのは、この翌年、明治十九年一月三日のことである。島田がキリスト教に関心を持ったのは、ブラウンの塾に入ったためである。島田は回顧録で、

私が宗教に入つたのは横浜へ行つてから後である。横浜へ行つて毎日新聞をやつて居る間、私はブラオンと云ふ人の処へ英語を教て貰ひに行つて居《お》つたので、当時本多庸《ほんだよう》一《いつ》、植村正久の両君なども一緒に行つてゐたが、ブラオンは非常に人格の高い宗教家

で、我々が此人《この》から受けた感化は少なからざるものである。（「時勢の波」）

と語っている。元老院時代にはグイド・フルベッキ（Guido H. F. Verbeck）に英語に関する質問などをして、「此人の感化をも大分受けた」という（「時勢の波」）。島田は、のちに明治四十二年十月に東京基督教青年会館で開催された宣教開始五十年記念会においても、「民権及信教自由に於ける基督教の影響」と題する演説を行い、そこで、宣教にもっとも尽力した宣教師としフルベッキとブラウンの名を挙げ、「ブラオン先生が教育の一方に自分の持前を説かれると同時に更に広く善い人を育てやうとして日本の文明を助けた事」などによって、「日本の国民をして敵愾《てきがい》の心を段々と減せしめる媒《なかだち》となつた」と語っている（島田三郎「民権及信教自由に於ける基督教の影響」、鈴木範久編『開教五〇年記念講演集―付祝典記録―』）。それは、まさに島田自身がブラウンによって教育を授けられ、さらに「善い人」として育てられたこと、キリスト教への敵愾心をなくしていったことを示していよう。

図29　フルベッキ

ブラウンやフルベッキと出会ってから洗礼を受けるまでの十数年のキリスト教との接点については定かでないが、おそらく、この「敵愾の心を段々と減」らしていく年月だったのではないか。かくして、島田は洗礼を受けるにいたった。授けたのはブラウン門下の一人、長老派の植村正久で、洗礼式の場は一番町にあった仮会堂である。その直後の一月三十日に開かれたキリスト教大演説会では、はやくも「欧西の文明は基督教の力に依る多きを信ず」と題する演説を行っている。キリスト教政治家・島田三郎の第一歩であった。

自由民権は無関係？

島田は先述の演説「民権及信教自由に於ける基督教の影響」において、自由民権運動とキリスト教との関係について、興味深い発言をしている。すなわち、キリスト教が「政治上に現れた民権自由の上に影響がなければならぬ筈でありますが、日本は全く此事実が離れて成立つて居るといふことは過去五十年四十年の事実でありまして之が民権自由の上に影響が無いのでありますから後来基督教徒は此点に向つて努力を要するといふことが私の考の大主意であります」という。自由民権運動とキリスト教とは関係がなく、両者を結び付けるのが今後のキリスト教の課題だ、と語っているのである。さらに演説の末尾では、「日本国民が心を合せて人類の為に平等自由の精神を鼓舞して前途の光明を発揮し所謂《いわゆる》基督教と連続すべき責任が有ると考へます」と述べた（「民権及信教自由に於ける基督教の影響」）。政治的自由民権理想とキリスト教との接続。それが、明治四十二年時点での、島田が実感をこめて語るキリスト教界の課題であった。

これは、島田自身が取り組んできた課題が、その成果を得ていないことへの慚愧《ざんき》の念のあらわれだったのであろうか。あるいは、島田自身が開教五十年という節目に立ってみずからの来歴を振り返ったとき、見落としてきたことに気づいた課題だったのであろうか。それを知るためにも、この間の島田の思想と行動を探求していきたい。

社会問題への着眼

「人生の目的」

洗礼から約半年後の明治十九年（一八八六）八月号の『六合雑誌《りくごうざっし》』上に島田は「文明道徳相関論」と題する小文を掲載し、鉄道や工芸、学業、社交など「欧州文明の交際燦然《さんぜん》たる」のに目を奪われ、その文明の「根底を忘れて直ちに其美観を移さん」としている風潮を難じ、「欧州文明の美観を呈したる所以《ゆえん》の根底とは何物なる乎《か》、曰《いわ》く人心正を得て神を敬し人を愛するの道徳に厚きこと是なり」と述べ、欧州文明の根底にある信仰と道徳こそが重要であると主張した（島田三郎「文明道徳相関論」）。

さらに翌年一月号の同誌にも、島田は「有神論と道徳との関係」と題する文章を寄せている。道徳を守るのは「天に対するの義務」であるとする島田は、その天は「活発有知の者」であり、道徳を重んじる儒教においても「孔子は天を以て有知有生の神とな」していたとする解釈を示し、「儒教すら其本旨を咀嚼《そしやく》するに有神説に基づく」との見解を開陳する。これが、島田のキリスト教的な神観から生まれた見解であることを察するのは、容易であろう。道徳の保持を「活発有知の者」たる天、すなわち神への義務と位置付け、それをキリスト教のみならぬ宗教全体の普遍的課題と位置付けたのである（島田三郎「有神論と道徳との関係」）。

さらに島田は、同年五月号の同誌に「人生の目的」との一文を掲げる。人生の目的とは何か。武功、富、栄誉、娯楽、などを「下劣の目的」とする島田は、読者に次のように呼びかける。「人の栄を受けて神より出るの栄を求めざる者なるに、何ぞ信ずることを得んやと。吁此《ああ》語を吟味せる者は其れ人類最終の目的を解せるを得る」（島田三郎「人生の目的」）。人生の目的は人からの栄誉ではなく、神からの恩恵を受けることに他ならない、洗礼間もない島田はそう考えていた。

社会問題への傾斜

神たる天に対する義務として道徳を保持し、その神からの恩恵を受けることを目指す人生とは、具体的にはどのようなものなのであろうか。それを島田に示唆してくれたのが、明治二十一年三月からの洋行であった。島田はこの洋行に強い思い入れを持っていたようで、のちに『毎日新聞』主筆となり、当時慶應義塾に学んでいた石川安次郎《いしかわやすじろう》（半山）に宛てた書簡で、「巴里《パリ》に凝集シタル世界ノ新ナル思想ヲ承《うけたまわ》リ度《たし》」と記し、現地では「理想国ノ歓迎会アリト祈念」している、と記している（「石川安次郎関係文書」東京大学近代日本法政史料センター蔵、資料番号五―一〇―六三―二四）。キリスト教国家に理想をみることを描いて、渡航したのであろう。最初に訪れた米国では、学校や工場、伝道練習学校などを視察し、婦人教育の必要性や労働者と資本家の格差と衝突、そして協調といった労働社会の現実に直面した。そして、社会問題の解決に取り組むキリスト教青年協会の各事業に感銘を受け、ロンドンに向かい、そこでもキリスト教青年協会の貧民救済事業に感激している。帰国したのは九月で、翌年三月に数寄屋橋教会で行われた演説において、今後は政治問題の時代ではなく社会問題の時代であるとして労働組合の必要性を説き、明治二十二年十一月には前橋市ではじめて廃娼を訴える演説を行い、二十三年六月には一番町の基督《キリスト》教青年たちが発起した「貧民救助青年慈善会」で、慈善事業の必要性を説いた。「人生の目的」は、たしかな具体像を描き始めたのである。

このうち、島田がもっとも力を入れて取り組んだ廃娼運動についてみておこう。島田が廃娼演説をした明治二十二年という年は、その三年前に五十六名のクリスチャン女性によって東京婦人矯風会《きょうふうかい》が発足し、翌年の二十三年に全国廃娼大会が開かれるという、ちょうどキリスト教界が廃娼運動に本格的に取り組んでいく時期にあたっていた。

群馬県は廃娼運動の先駆地として知られ、明治二十一年に公娼廃止が決定されたが、知事の交代に伴ってこれが延期され、廃止を求める県会と衝突した。前橋で島田が演説したのはちょうどこの頃であり、群馬県の有志に招かれてのものであったというから、おそらく県会の廃止派を激励する意味を持ったものだったのであろう。島田はここで、公娼肯定論者が、私娼の横行を「妨害」することを目的としてその論を展開しているのに対し、「公娼に伴ふ弊害の重なる二つあり。売淫の業を認めて、他の職業と同視すること其の一なり。娼婦及び社会をして羞恥の念をして消滅せしむること、其の二なり」と反論し、公娼制度は私娼も増大させるとして、その廃止を訴えた（島田三郎「公娼の害を論ず」、島田三郎全集編集委員会編『島田三郎全集』第二巻）。以後も島田は廃娼を訴え続け、明治三十一年に娼婦の佐野フデが廃業届を出して裁判にも勝訴したにもかかわらず、廓《くるわ》から出られないという事件が発生した際も、『毎日新聞』で積極的にこれを取り上げ、全国各地の廃娼運動の援助に乗り出していった。

明治三十三年二月には進歩党埼玉県支部の永田荘作《ながたしょうさく》に宛てた書簡で「御県公娼問題もドウヤラ妖焔消滅申候ハんと存知候」（大宮市史編さん委員会編『大宮市史　別巻　永田荘作関係書簡集』）と表現しているが、四十年六月に旭川で遊郭設置の問題が起こった際には、大隈重信《おおくましげのぶ》に宛てて、「旭川町に遊郭設置の問題起り町村大に苦闘中に御座候。是亦《これまた》政界腐敗の一証と奉存候《ぞんじたてまつりそうろう》」（早稲田大学大学史資料センター編『大隈重信関係文書』第六巻）と書き送っており、廃娼問題は政治の腐敗の問題とリンクしてとらえられていた。それだけにその解決への執着心は強く、明治四十四年七月に「廓清会」が発足した際に演説に立った島田は、「我が邦の娼妓なる者は実はかの昔時亜米利加《せきじアメリカ》に於ける奴隷よりも、尚一層憎悪すべき制度に苦しむ者であると、断言して憚《はばか》らぬのである」として、「公娼を廃した暁には私娼云々といふて、反対する人があるが。これは全く議論の要点を失つた所の、誤りたる観察である」と喝破《かっぱ》した（島田三郎「廓清会組織の趣旨を宣明す」『島田三郎全集』第二巻）。以後も廃娼運動に島田は取り組み続けるが、これのみならず、足尾鉱毒問題や慈善事業、労働組合の組織化などに対しても精力的に取り組んだ。

「人生の目的」や「理想国」を語る島田には、現実よりも未来ばかりをみているという批評もあったようである。明治三十二年八月二十四日に『毎日新聞』主筆の石川安次郎に宛てた書簡で、「小生ニ対せる批評」として、「現在的ならずして未来的性質」だといわれているが、「策士横行目前之小利害に狂奔し、投機的運動を事とせる社会の一方に、正義之域を開き、以て自由市民之模範を作らんとせば、是非共未来的思想」が必要だと述べている。自らの未来志向は、目前の利害に狂奔する「策士」とは異なり、「正義」を実現し「自由市民」の模範を作ろうとする思想だというわけである（「石川安次郎関係文書」東京大学近代日本法政史料センター蔵、資料番号五―七）。廃娼運動や労働運動などの取り組みは、現実と未来との間隙を埋め、理想的な未来を実現するための方策であった。そして以後も、島田は「未来」について語り続けていくことになる。

政治思想とキリスト教思想

キリスト教の価値

この間の明治三十五年（一九〇二）、島田は警醒《けいせい》社書店から『政教概論　如是我観』と題する著作を刊行した。「序」において論じられているように、この三年前に条約改正に伴う外国人の内地雑居が実施された際、国内にキリスト教が流入してくるのではないかという動揺が走り、特に仏教勢力が反発していた。これを「社会平和の為めに患《わずら》ふべき者なきに非《あら》ず」とする島田が、「我憲法の宗教に対する意思に基づき、平生の所感を述べ」たのが本書である。島田はキリスト者として、たとえばキリスト教はキリストを神とするがゆえに、「我国体と相容れず」とする反感に対し、この理由でキリスト教を排除するのであれば、「仏教も亦《また》同一の指弾を免《まぬか》れじ」と反論し、仏教者がキリスト教を批判すれば、かつてみずからが儒者から同じ批判を受けたことを想起することになると釘を刺した。そして、憲法の保障する信仰の自由は信仰の進化を促し、キリスト教を寛容に受け入れれば、「善く人心を開発して、其本来の面目を発揮」するとして、キリスト教に危険は一切ないと結論した。さらに島田は、「宇宙を御し万物を支配する唯一の神、万国を聯《つら》ね人類を和する無限の愛は、彼我《ひが》の基督教を一貫し、国によりて異同ある可《べ》からず。基督を中心として、敬神愛人の崇高なる観念を発揮する者、是れ其の根本教義なり。予は寛容包容の気象を有して、此信念に立つ所の基督教徒を歓迎せんと欲する者なり」と本書を結ぶ（島田三郎『政教概論　如是我観』）。洗礼当初の、神＝天に対する義務として道徳を保持し、その神からの恩恵を受けるという視座を想起させる言説であろう。

ここからうかがえる信仰観は、政治の側が信教の自由を保障し、社会が寛容にキリスト教を受け入れれば、道徳が発達し、社会が平和になるというものである。先述の『政教概論　如是我観』末尾にあるとおり、島田自身はまさに寛容にキリスト教を受け入れ、社会において、その理念を実践しようと試みてきた。廃娼運動、労働運動、足尾鉱毒問題などは、いずれもそれである。しかし、彼が衆議院議員という現役の政治家であるという側面は、こうした言説や活動において、意外なほど、前面には出てこない。『政教概論　如是我観』の後半は「基督教の概記」で、主に日本におけるキリシタン史を描いているが、キリシタンに対する織田信長、豊臣秀吉、徳川家康、伊達政宗の対応という歴史的叙述にとどまっている（『政教概論　如是我観』）。明治四十二年の段階でそれまでの来歴を振り返ったとき、自由民権運動の系譜につらなるみずからの政治活動と、キリスト教とがつながっていないと記したのは、その意味で、当然であった。

断絶の理由

では、なぜ現実政治とキリスト教とは断絶したのか。そこには、島田自身の現実政治に対するある種の挫折が存しているように思われる。島田は、立憲改進党解党後、明治二十九年にその流れをくむ進歩党の創立に参加し、三十一年には憲政会、憲政本党の創立に参画するが、同年中に脱党して無所属となり、四十三年に立憲国民党の結党に参加するものの、大正二年（一九一三）には脱退し、立憲同志会に参加、五年には憲政会に参加するが、十年に脱退して十一年に革新倶楽部に参加している。島田が政治的自由民権思想とキリスト教とが接続していない、と発言したのは、まさにこの無所属期にあたっている。

島田にとって、政党とはどうあるべきであったのか。明治二十三年一月、『毎日新聞』

は「島田三郎氏の政党論」と題する連載記事を掲げているが、そこにおいてまず、政党とは「或る特殊の主義を以て協同し此主義によりて国利を進捗せんが為め其協同の力を用ゐんと聯合するの団体」と定義し、政党の目的とするところはあくまで「社会に利ありと信ずる者にして是を実施に施行すべき手段を採る」「各人に対するの財産生業を安固にし因《よつ》て以て一国の豊富繁栄を計る」ことであり、そのためには「明治の政党が政治上の争気を社交私交にも及ぼして紛紜世利を害する」ことを退け、「政党を第一に置き却《かえつ》て邦国を第二に置くことなきに非ず政党の弊害是に至りて極まる」として、政党間の競争が「私争に陥るの危質」を排除しなければならないとされた（「島田三郎氏の政党論」『毎日新聞』明治二十三年一月一日～十八日、全十回）。

その島田にとって、重大な契機となったのが、明治三十一年の憲政本党離党である。同年、憲政党と提携する第二次山県有朋《やまがたありとも》内閣が成立し、日清戦争後の戦後財政立て直しのため、増税法案が提出された。憲政党はこれに賛成して若干修正した上で可決しようとしたが、憲政本党は増税案のひとつである地租増徴案に対して強硬に反対した。結局、政府側は買収と弾圧をもって切り崩しを図り、法案は衆議院で可決される。島田は歳入不足を補うには軍事費の削減を前提とした地租増徴は不可避であると考えており、党の方針とは相容れない状態に陥ったため、脱党に踏み切ったのである。「政党」の定義からすれば、当然の結末であった。しかもその政党は、彼が憂えていた弊害を、如実にあらわしていたのである。島田は明治三十一年十二月二十三日付の『毎日新聞』に掲げた「憲政本党を脱せし理由」において、「近時不幸政友諸氏と意見を異にして歩武を共にすること能はず故を以て党中の要中に当りて責任の位地に立つことを固辞したり」と述べている（島田三郎「憲政本党を脱せし理由」『毎日新聞』明治三十年十二月二十三日付）。脱党後、明治三十二年五月十八・十九日付の同紙に連載された「政党の現状、其経歴、其意思其争点」は政党の現状について述べている。「彼等は自家の弱点を隠蔽して、自家の効力を売薬の効能の如く、其実取る処幾許《いくばく》も有ると無し、而《しか》して千言万語、要するに党勢を張りて権力を争ふに外ならず、之を除きて他に何があるや」（「政党の現状、其経歴、其意思其争点」『毎日新聞』明治三十二年五月十八・十九日付、全二回）。

先に、政治的自由民権思想とキリスト教とが接続されていないことは、島田自身が取り組んできた課題が、その成果を得ていないことへの慚愧の念のあらわれだったか、あるいは、島田自身が開教五十年という節目にたってみずからの来歴を振り返ったとき、見落としてきたことに気づいた課題だったのか、問うた。答えはおそらく、前者に近い。島田がこう語ったとき、彼は自由民権思想の継承者たる既成政党に絶望し、これを罵倒し、脱党していた。歴史的に自由民権思想がキリスト教と接続していなかったか否かという事実関係以上に、そう語り得ない、キリスト者としての現実政治に対する厳しい視線が、島田を支配していた。それゆえに、両者の断絶を語り、今後の接続への期待を述べざるを得なかったのが、島田の立場だったのである。

ユニテリアンへ

なお、先述の『政教概論　如是我観』を収録している島田三郎全集編集委員会編『島田三郎全集』第四巻の解題で高橋昌郎は、同書の附録に収録されている「諸家手簡」「対評私見」などに文章を寄せている人物から、「このころの沼南《しょうなん》（島田の号—引用者）がユニテリアンに共鳴していたという影響が表れている」と指摘している（島田三郎全集編集委員会編『島田三郎全集』第四巻、解題・高橋昌郎）。この書が著されたのは明治三十五年だが、実はこの二年前に、島田はユニテリアンに接近しすぎているとして、植村から除名されていた。明治三十六年に刊行された『将来之宗教』において、島田はこの間の経緯をこう語っている。

人道を行ふが、即ち神の意志を奉ずる所以《ゆえん》で、之が神に救はれる道だと主張するユニテリアンの様な者もありますが、私は人の道を此の世に行つて行くのが神に答へることになつて、宗教の目的に適《かな》ふものだと信じます……ユニテリアンの書物などを段々読んで見ますと、私の平常の考と符合して居りますので、今ではユニテリアンに加はつて居ること丶なつてるのです。……さうです、自分がこんな考を申すものですから、従来の教会の方からは、除名されましたのです。（新仏教徒同志会編『将来之宗教』新仏教徒同志会、明治三十六年）

ユニテリアンの人道主義、実践主義がみずからの信念に符合していたためこれに加わり、植村からは除名されたわけである。

もともと島田自身は長老派である植村の一番町教会に属しており、当初は長老となったり、大会議長候補となったこともあったようで、明治二十三年の基督教夏期学校では講師を務めているが、その一方で、日曜ごとに礼拝に出る必要はないと思っていたらしく、出席はしておらず、自分は最初からユニテリアンだと語ったこともあったようである。明治二十九年には「兎に角ユニテリアンは可ならん」という発言もしている（「島田三郎氏の宗教談」）。こうした姿勢は島田自身の独自の考えに基づくようで、長老派の教会に属しながらも礼拝には出ず、ユニテリアンに接近しながらも、結果として植村に謝罪して許される、という、キリスト教界内ではかなり独特な立場に立っていた。それは、ちょうど同時期に脱党した政治的立場とも通じるものがあり、島田にとって重要なのは信仰や信念そのものであって、組織や団体は前者によって流動的に選択されるべき二次的なものとして位置付けられていたのであろう。だからこそ所属教派も流動的で、政党も渡り歩く、という経路をたどったものと思われる。

キリスト者として

所属教派は流動的だったとはいえ、キリスト教信仰自体は維持されたようで、明治四十年には万国基督教青年大会の決議を受けて伝道的活動を支援すべく関西や東北に旅行し、四十二年には再び基督教夏期学校の講師を務めている。明治四十四年に渡米した際にも、米国の牧師大会の招聘に応じて、サンフランシスコの基督教青年会館で演説し、禁教から布教への日本のキリスト教史の歴史を説いたところ、「感極つて頭を擡《もた》げ得ざる牧師もあつた」という（江浦生「平和の使節随従記」第三七『東京毎日新聞』明治四十四年十二月十日付）。

大正十年に刊行された最後の著作『日本改造論』は、第一次大戦後の国際連盟の発足を「其旗幟《そのきし》は神聖なる平和の二字にある」と評し、ワシントン会議を控えた海軍軍縮の機運を歓迎した上で、「海軍縮小を主題として平和の気象を鼓吹し、軍費を削減して之を教育拡張の資に移用せんとするの旨趣を述」べたのものである。島田は述べている。「正義は力なり、義の国は興り、不義の国は亡ぶ。戦争は文明の敵なり、勝者敗者、共に斉《ひとし》く、其禍害を被むる」「科学の精神は人類鏖殺《おうさつ》の兵器を作り、人智の進歩は文明の破壊に逆用せらる。吾人《ごじん》は人類を救済し文明を擁護せんが為めに、戦争防止の政策を建てねばならぬ」「世界永久の平和に憧憬し、是が為に国際連盟を設け、是が為に華府《ワシントン》会議を開くといふ情勢に迫つて居る。然《しか》らば速《すみやか》に誠意ある協定を遂げて軍備の縮小を断行すべく、事成るの日には各国民共に大に之を歓迎して然るべきである」（島田三郎『日本改造論』）。旧知の救世軍の山室軍平《やまむろぐんぺい》は同書を、「是は昔イザヤが『エホバは諸々の国の間を鞫《さば》き、多くの民を攻め給はん。斯《かく》て彼等は其の剣うちかへて鋤となし、其れ鎗をうちかへて鎌となし、国は国にむかひて剣を挙げず、戦のことを再び学ばざるべし』といふた、其の平和の時代、即ち理想の黄金時代を、先生が夢床の間も、忘れられなかつたことを示すもの」と評している（山室軍平「序文に代へて」『島田三郎全集』第二巻）。

それがキリスト者としての最後の叫びであったとするなら、政治家としては、明治四十三年、立憲国民党の結成に参画し、立憲政友会の積極政策路線に対抗しようと試み、西園寺公望《さいおんじきんもち》内閣に対しては行政整理、租税軽減、軍備縮小などを唱えた。しかし、護憲運動の際に犬養毅《いぬかいつよし》と決裂して脱党、立憲同志会、憲政会には参加したが、島田は大正十年二月に尾崎行雄が軍縮提案をした際、病をおして登院し、所属する憲政会の方針に反して、これに賛成の投票をしている。すでに脱党の意思を固めていたらしく、翌月には脱党、翌年十一月に革新倶楽部《かくしんくらぶ》を結成し、「現状打破及党弊刷新」をうたった。政策目標の第一に掲げられたのは国民生活の安定であった。こうした明治四十三年以降の政治的遍歴には、もとより、権力闘争、政党間・議員間の力関係・人間関係、政策の方向性などが影響していることはいうまでもないが、そこに、人道の実践という宗教的側面をみてとることも可能であろう。一度は既成政党に絶望し、キリスト教との断絶を語らねばならなかった島田は、その接続を今後の課題とし、みずから実践しようと試みたのである。ともあれ、そのわずか三ヶ月後には、発病して病床につくこととなる。

晩年の政治と信仰――その本質とは

「黄金世界」

山室軍平《やまむろぐんぺい》は島田（大正十二年十一月十四日没）の葬儀における説教で、晩年の島田について次のような重要な証言をしている。

先生は少くとも、最後の幾年間は何れの教会にも属して居られなかつた。其の信仰も所謂《いわゆる》正統派の信条に比べては、物足りない処があつたのかと考へられる。しかし乍《なが》ら先生がいつも、神の前に、其の良心に責なき生活を営まんと力《つと》めて居られただけは間違ない。数年前、たしか軍備縮小問題か何かで、論争のあつた時であらう。折柄用事があつて、お訪ねした私に対して言はれた、「斯《かか》る場合に私は只、神我と偕《とも》に在ますといふ信念の上に、最善の努力を試み度と思ふのであります」と（「序に代へて」）

　これにより、島田が既存の教会の信条に満足せず、晩年は無所属であったこと、しかしキリスト教信仰は維持し、それに基づいて政治行動を取っていたこと、がわかる。軍備縮小問題については、すでに述べたとおりである。島田はその死に臨んで、葬儀は安部《あべ》磯雄《いそお》（ユニテリアン）、内《うち》ヶ《が》崎《さき》作《さく》三郎《さぶろう》（ユニテリアン）、山室軍平（救世軍）に頼んでほしいと遺言したといわれているが、そこにもその独特な信仰観があらわれているといえよう。

図30　安部磯雄

　その意味で、検討を加えておきたい演説がある。明治四十三年一月に銀座教会で行った「基督教の過去及び将来」がそれである。島田はここで、「私の見る処では、国家的意義及び政治的意義に於て、基督教はその初、我が国の愛国者にうけ入れられたのである。之は準備時代の有様であるが、来るべき五十年間は、宗教的意義に於て、真の基督教が起るべき期間であると、私は信じて居る」と述べている。愛国者が入信したのは、キリスト教が国家にとって妨害となるか否かを確かめるため、そして、日本が欧米文明を受け入れるにあたり、その「文明国民の信ずる宗教」はいかなるものかを調査するためであったという。すなわち「宗教的動機以外の処から、基督教に近づいた」わけである。それが次第に信仰として定着し、国民の間に広まりつつある「平等」の観念も、人を兄弟と、神を父と見るキリスト教の感化によるものであり、準備時代から現在を経て、今後五十年は平和な「神の国」「黄金世界」「理想の王国」の実現に向けて「真に働くべき時代である」、と島田は述べる（『島田三郎全集』第二巻）。島田はこの前年に『新人』に発表した「愛国者と基督教」においても、「開教五十年」の間において「個人の価値を尊重するに至りし如き全然基督教の賜物として感謝を表せなければなりません」として、「個人の価値の尊重」もキリスト教精神の賜物であると位置付け、「人は神の子にして且つ兄弟であると云ふ思想は、唯単に国家尊くして個人卑しきに非ずして、個人も国家と相対して軽重なき迄になり、民権も従て伸張するに至りました」と述べている。そしてここでも、「基督教を研究せる結果は、愛国者が理解せる如く邪教に非ずして我国の思想と調和するを得る事を知りました」として、愛国者がキリスト教を受容した経緯を記し、今後は「人類の愛」「世界の道義」を目指すべきだとしている（島田三郎「愛国者と基督教」）。

重要なのは、島田がここで、過去にキリスト教を受け入れたのは「愛国者」であったが、それはあくまでに「準備時代」であり、将来のキリスト教こそが「真のキリスト教」である、と指摘している点である。それは、キリスト教が愛国精神から離脱し、「理想の王国」「人類の愛」を志向していくことを展望している。その方向性を示唆するものとして、明治三十六年十一月に『中央公論』に寄せた「当代小観録」という文章がある。島田はここで、「日本民族の宗教も是非国家的宗教ではなく、世界的宗教でなければならぬ。其国家丈《だ》けに結び付きたる宗教では世界的の日本民族と伴ふことが出来ない……万国を聯《つら》ね全人類を和する世界的宗教が必要である」と述べている（島田三郎「当代小観録」）。島田のいう「真のキリスト教」とは、愛国主義や国家主義を越え、「理想の王国」を目指す「全人類を和する世界的宗教」のことを意味しており、世界の各宗教との交遊をうたったユニテリアンに接近したのも、そのためであろう。この「真のキリスト教」が、すでに結び付きつつある平等や自由民権の理想と接続されるべきだと考えられていたことは、いうまでもない。

韓国併合

島田が「基督教の過去及び将来」の演説を行ってから約半年後、韓国併合が実施される。これは「黄金世界」に向けて「働く」過程で、どのように評価されたのであろうか。もともと島田は、ロシアの南下政策は朝鮮の領有化を目的としたものであり、日本はロシアより先に朝鮮を領有すべきだと考えていた。明治三十六年四月二日に高田早苗《たかたさなえ》と連名で貴族院議長・近衛篤麿《このえあつまろ》に宛てた書簡で、次のように述べている。

露国南下の宿望あり、道を支那に借りて東洋の陸海之要地を占めんと欲し、其胸中朝鮮を呑み居り度由より、我国早く手を朝鮮に下して該人《がいじん》を逐《お》ひ而《て》、また遼東を奄有《えんゆう》して朝鮮の外を包みこれあるべく、為めより其野心を 湜《たくましゅう》 せらるるの障得んとして此の点言を立つ。（「近衛篤麿関係文書」陽明文庫蔵、資料番号五七六一三）

こうした立場から、韓国併合が是とされるのは当然であった。島田は『新人』明治四十三年十月号に「日韓併合と国民の責任」と題する文章を寄せ、韓国併合の歴史的背景を述べた上で、併合を肯定しつつも、韓国側が日本側から離れたい感情を有していることを認めて、同化に失敗すれば日本人の無能さを示すことになり、同化の前にまず日本人自身がみずからを顧みよと述べている。そして、居留地にいる日本人のふるまいが「最も恐るべきものとして朝鮮人に知られて居」り、「此《かく》の如き者が日本人を代表すると彼等が思惟するならば、同化の実は蓋《けだ》し容易に挙がらない」として、「宗教家」に対して「親愛親交の精神を居留地人民に鼓吹し、正義公道の念を持つ様に伝道して貰ひ度《た》い。朝鮮伝道を云ふ者先づ第一に此点に注目す可きである。之を要するに同情を以て彼等の継子根性を去り、真に兄弟の誼《よしみ》を以て彼等を導」くべきだとする（島田三郎「日韓併合と国民の責任」）。島田は年不明ながら、韓国統監時代の伊藤博文《いとうひろぶみ》に宛てた書簡でも、「閣下之対韓御意見は小生之全部御賛成」と述べた上で、「放縦なる在韓邦人厳正取締り」をしなくては、「反抗も仕《つかまつ》るべく流言も起」るであろう、と懸念を示していた（伊藤博文関係文書研究会編『伊藤博文関係文書』第五巻）。いずれにせよ、朝鮮伝道の第一の目的を、居留地韓国人に親愛親交の念を持たせ、韓国人に兄弟の誼《よしみ》を持たせることだと述べるとき、キリスト教伝道はあきらかに同化政策に向けた手段と化している。実は先述の「当代小観録」でも島田は、日本は現在中国を「扶《たす》けつつある」とした上で、「支那にて一度び開教し、次では印度《インド》に開教し、ヒマラヤ以来の現勢が我国の為に一変せん」ことを期待し、「世界到処に新日本を建設する」ために朝鮮や満州、南洋への植民事業を提唱していた。島田が描いていたのは、あくまで日本のキリスト教が周辺諸国を教化し、これを日本化、同化していく未来であった（「当代小観録」）。

では、「黄金世界」に向けて「働く」ことと、「日本化」「同化」のために「伝道」することとは、果たして両立しうるのか。そもそも、国際政治の力学の結論として他国を領有することは、「黄金世界」の成立過程で許諾しうることなのか。折しも、島田の論考の次

図31　小崎弘道（『霊南坂教会100年史』より）

のページで「日本民族と基督教」と題する文章を掲げた、日本組合基督教会を代表する牧師・小崎弘道《こざきひろみち》は、朝鮮を合併した今日、「深く考へ遠く慮《おもんぱか》りたいことがある。即ち膨張発展し来れる日本民族は今後も永久に膨張していくだらふか。それには果たして従来の倫理道徳の基礎で永続して行くだらうか」と問いかけている（小崎弘道「日本民族と基督教」）が、島田にかかる憂慮の影はみえない。そうした思考が及ばない、あるいは思考が停止しているところに、現実政治家であり、敬虔なキリスト者ではあったが、思想家としては未熟であった島田三郎の限界がある。第一次大戦後に語った戦争反対、軍備縮小の叫びも、どれほどの具体的実効性を伴って語られていたか、疑わしいといわざるを得ない。

救世軍支援

最後に、島田が接近したもうひとつの教派に触れておきたい。山室の救世軍である。島田によれば、救世軍とははじめて出会ったのは英国を訪問した際で、路傍で活動している救世軍をみて「其の熱誠にして活動的為《な》るに少なからず敬服した」という。日本での活動開始後、迫害が激しかったが、島田は「深く之を気の毒に思ひ、紙上に於て数回に亘りブース大将の人格及び其事業を紹介し、救世軍の時勢に適応せる実際的の宗教なること、我国の将来に於て必要なる事業為ること」を論じ、廃娼運動にも協力した（島田三郎「ブース大将来朝の思ひ出」）。実際、たとえば『毎日新聞』は「将軍ブース及び救世軍」と題する社説を掲げ、「今日に於て世界的人物を挙げんとせば……予輩は救世軍の総督ウヰリアムブースに投票せざるを得ず」などとその人格と活動を賞賛していた（「将軍ブース及び救世軍」『毎日新聞』明治三十二年十二月二十七日付）。島田の熱意はかなりのもので、救世軍が慈善病院を設立しようとした際には、「用事に追はれ一日々々延引仕、救世軍の事業を遅延せしめ候者事業の為めに不利益にて、又山室氏の為めに気の毒と存候」として、大隈に支援を求める書簡を送っている（『大隈重信関係文書』第六巻）。

明治四十年にウィリアム・ブース（William Booth）大将が来日した際にも、『東京毎日新聞』は「ブース大将は其志政治にあらずして弘く人民に平和と慰安とを与ふるにあり、彼は貧民の友たると同時に又王侯の伴侶たり、其好んで眼を下層社会に注ぎ、貧民の扶助と救済とを其事業となすが如く見ゆるは、一に他教会の為さゞる所を成さむとするが故にし

（八）明治四十年五月一日　毎月二回　ときのこゑ　第二百七十三號　THE WAR CRY. No. 273.　May 1, 1907.　（第三種郵便物認可）

●來りて此絶大の奮鬪的善人を見よ!!!

救世軍の總督ブース大將

目ある者は看よ耳ある者は聞け
二十世紀の豫言者、貧民の使徒、大軍隊の首領、世界の老偉人は今や來りて我等の間に空前の大活動を試みつゝあるなり
此は是歴史上の一大事件
隨行員はレイルトン少將、ニコル少將、ローレー大佐、ヒッギンス大佐、コックス中佐等也

●世界獨歩の偉人ブース大將の我國各地に於ける豫定の行動殘の部は左の如し　來りて觀よ!!!

●横濱の部
五月一日（水）午後八時四十五分
パブリックホールにて講演
五月二日（木）午後七時三十分
喜樂座にて大將講演會

●名古屋の部
五月三日（金）午後四時十分
名古屋停車場にて市民大歡迎
同　日　午後七時三十分
新守座にて大將歡迎及講演會

●大阪の部
五月四日（土）午後五時八分
大阪停車場にて市民大歡迎
同　日　午後七時三十分
公會堂にて歡迎演説會
五月五日（日）午後三時及七時三十分
公會堂にて救靈の大集會
五月六日（月）午後七時三十分
公會堂にて大將の講演會

●京都の部
五月八日（水）午後四時五十二分
京都停車場にて市民大歡迎
五月八日　午後七時三十分
市會議事堂にて講演會
五月九日（木）午後七時三十分
市會議事堂にて學生の爲め講演

●神戸の部
五月十一日（土）午後三時四十六分
神戸停車場にて市民大歡迎
同　日　午後七時三十分
神戸教會堂にて軍人及軍友大會
五月十二日（日）午後三時及七時三十分
大黒座にて救靈の大集會
五月十三日（月）午後七時三十分
大黒座にて大將の講演會
五月十四日（火）午後八時四十五分
ジムナジアムにて英語講演

●岡山の部
五月十五日（水）午後五時三十六分
岡山停車場にて市民大歡迎
同　日　午後七時三十分
岡山教會堂にて軍人及軍友大會
五月十六日（木）午後七時三十分
高砂座にて大將の講演會

●最後に東京府にて大送別會あり

●來りて此空前絶後の大集會に列れ!!!

ブース大將は世論と戰ひて之に打勝ちたる者なり。彼は之が爲に四半世紀の戰爭をなし、終に勝利を得たる者なり。彼は多くの新事業の開拓者の如く、殊に手痛く輿論の攻撃を受けたる者なり、彼は中傷せられ、讒誣せらる。若し『嘲弄は人を殺す』てふ諺をして、眞ならしめば、彼は久しき以前に殺害せられたるべき者なり。さり乍ら若し不人望の間を彼（よ）が、眞の預言者の運命なりとすれば、彼は最早、眞の預言者として萬人の信任を受くべき者なり（デーリー、テレグラフ）

図32　『ときのこえ』に掲載されたブース大将来日の広告

図33　大阪でのブース大将歓迎の様子（『救世軍日本開戦百年記念写真集』より）

て終局の能事となせるにはあらざるべし、唯それ其勇猛精進の気に富み熱烈水火をも辞せざるの一事に至つては両偉人（ブースと日蓮のこと―引用者）の性格共に符節を合したるが為《こと》きを覚ゆ」と絶賛する社説を掲載している（「ブース大将を送る」『東京毎日新聞』明治四十年五月二十三日付）。山室の方も、「先生は日本の救世軍に取りて、最も古く、且つ最も真実なる友人、知己、また恩人であつた」として、救世軍の青年が社会事業に取り組もうとして迫害に遭った際、島田は『毎日新聞』紙上で好意的に救世軍を取り上げてこれを擁護し、廃娼運動でも手を携えて協力したと述べている。先述の病院のみならず、社会鍋運動も、また救世軍後援会の発足も、島田の援助を仰いだという（「序に代へて」）。島田の社会問題への強い関心からして、当然の協力であり、ユニテリアンに接近したのと同様の論理であった。「黄金世界」に向けて「働く」、そのモデルは、政治的には明確ではなかった。しかし、社会的には目に見える形で見せてくれた救世軍を、島田は支えていたのである。

「黄金世界」と政治との距離は、おそらく最後まで、縮まらなかった。大正十二年一月十日、当時『万朝報』で筆を執っていた石川安次郎への書簡で、「社会の弊風を廃し度」と記していた島田だったが（「石川安次郎関係文書」東京大学近代日本法政史料センター蔵、資料番号五―一〇―六三―一三）、その「弊風」は生前において改善されたとは感じられなかったらしく、同年、自宅で静養していた島田のもとを訪れた木下尚江との対話のなかで、「何故に政治は益々悪化致しますか」と問うた木下に、島田は、「国民の道念が頽廃したからです」、それは「儒教で云へば天、基督教で云へば神、この天若《も》しくは神と云ふ信念が破滅した為です」と答えたのである（木下尚江『神・人間・自由』）。信仰が道徳を支え、道徳が政治を支える。その信念がキリスト者であり、政治家であった島田三郎を支え、そして、絶望させたのである。

クリスチャン民権家の肖像——エピローグ

政治家にとって信仰と何なのか。本書は、身をもってそのテーマに取り組んだ五人の日本人政治家を取り上げ、明治日本におけるキリスト教信仰と政治思想との関わりについて、探求したものである。

もとより、取り上げた事例は限られたものにすぎないし、対象もキリスト教に絞っている。明治期の政治家には、寺院の生まれで仏教思想を濃厚に意識しながら政治活動を展開していた人物もいるし、神道思想を支えとしていた政治家もいた。西本願寺《にしほんがんじ》の法主だった大谷光瑞《おおたにこうずい》は中華民国や日本政府の顧問を務めたし、出雲《いずも》大社宮司《たいしゃぐうじ》である出雲国造家に生まれた千家《せんけ》尊福《たかとみ》は貴族院議員、司法大臣などを歴任した。宗教と呼ぶか否かはともかくとして、本書でたびたび触れてきたように、多くのクリスチャンが親和性を感じていた武士道や儒教を精神的基盤として生きた政治家も多かった。

ただ、明治維新以降の日本が西洋列強をモデルとした近代化を志向したこと、その政治システムも西洋を模範としていたことはいうまでもなく、その意味で、明治日本の政治的志向性ともっとも親和性を持っていたのは、キリスト教であった。本書がクリスチャンを取り上げた所以《ゆえん》である。事例の選定にあたっては、自由党と立憲改進党という明治の二大政党のバランス、穏健派と急進派のバランス、そして、政治家と宗教家のイメージのバランス、そして紙幅に配慮した。この点、読者諸氏の寛大なご理解を頂戴したい。

その限られた視野からみえてきたものは、少なくない。まず、日本が近代化を目指す過程で、士族エリートたちは語学や西欧について学ぶ必要があり、その際、教師となったのが多くの場合、外国人宣教師だったことである。このため、「生徒」たちは自然と『聖書』を手にし、これに馴染んでいくことになる。西欧から学んだもののうち、自由や平等・博愛、そして憲法や議会制度といった政治制度、さらには革命といった政治的変革は、そのまま政治的目標となり、そして信仰的目標となり、彼らの視線を政治運動、議会、そして貧民救済や廃娼運動に向けさせていった。この過程で、廃藩置県、立志社《りっししゃ》の獄《ごく》、高田《たかだ》事件《じけん》、保安条例、そして日糖事件《にっとうじけん》といった政治的衝撃が彼らを襲い、彼らの多くがその獄中で自らを見つめ直し、神と出会い、回心していく。こうした「政治」と「信仰」との重層的な連続によって、立憲政治家として、そしてキリスト者として、各人は育っていったのである。キリスト教信仰は彼等政治家にとって、儒教や武士道から提供されてきた伝統的倫理とともに、自らを律し、支える支柱であった。対外的な布教の意識も強いが、日清戦争、日露戦争、韓国併合、と次々にアジアへと勢力を拡大していく大日本帝国への批判的視座はみられず、むしろ、これを機会としたアジア圏への布教・文明化・同化、そして何より、日本の独立が重要とされた。これを彼らの限界といえばそのとおりであろう。ただ、幕末の危機的な対外環境をくぐり抜け、近代化・文明化を、心身をもって体験してきた彼らにとって、それは当然といえば当然の結果であった。彼らの次の世代のクリスチャン政治家たちが、帝国主義という課題とどう向き合っていったのか、島田三郎が最後に期待を残した国際協調や国際平和をどう考えていったのか。これらは今後の課題としなければならない。

いずれにせよ、日本にも明治という立憲制度の草創期にはこうした一群のクリスチャン民権家という政治家群像がいたことを、日本人も、また諸外国の人々も、改めて記憶すべ

図34　福沢諭吉（慶應義塾福澤研究センター提供）

きであろう。ただ、その群像の内実は一様ではない。ある者は、私人としてキリスト教信仰を保ち、公人としては政治家として生き、その二足の草鞋《わらじ》を生涯履き続けた。両者の選択を迫られた際、ある者は宗教家の道を選び、ある者はその狭間で迷い、一度は決めた選択を改めた。近代国家の政治的建設過程がそうであったように、そして近代のキリスト教史がそうであったように、両者の狭間に生きたクリスチャン政治家たちは、葛藤し、迷い、祈り、そしてみずからの生きるべき道を模索し、選択していったのである。

われわれは、彼らの築いた国家の歴史の上を生きている。葛藤し、迷い、祈り、みずからの思想と信仰を追求していった人々の軌跡の上に、生きている。現代の政治家もまた、個々の政策の是非の根本にある、たくましい思想と信仰の探求によって、その苦悩に応答していく責務があるのではないか。あまりにも「軽すぎる」ようにみえる現代政治に、本書に登場する政治家たちはそんなふうに語りかけているように思える。もとより、その政治家を選出している主権者たるわれわれ国民ひとりひとりに対しても。

明治の時代を代表する思想家、福沢諭吉《ふくざわゆきち》は、その晩年に語った『福翁自伝《ふくおうじでん》』の末尾で、次のように語っている。

私の生涯の中に出来《でか》して見たいと思う所は、全国男女の気品を次第々々に高尚に導いて真実文明の名に愧《はず》かしくないようにすることと、仏法にても耶蘇教にても孰《いず》れにても宜《よろ》しい、これを引立て、多数の民心を和らげるようにすることと、大に金を投じて有形無形、高尚なる学理を研究させるようにすることと、およそこの三ヶ条です。

（福沢諭吉『新訂　福翁自伝』岩波文庫、昭和五四年）

気品、信仰、学問の探究――。福沢が遺した最期のメッセージは、近代日本に対する最初の警告だったのかもしれない。

あとがき

筆者はこれまで、明治期の宗教政策と宗教家の政治思想、さらに、福沢諭吉をはじめとする思想家や、板垣退助、西郷隆盛らの政治家の思想について、主に研究してきた。学問の専門性からいうならば、前者と後者の、いわば二足の草鞋を履いてきたわけだが、この宗教と政治家とを架橋するテーマとして取り組んだのが、本書における「クリスチャン民権家の肖像」である。明治期のキリスト教と政治家たち。その群像を描くことで、筆者自身のこれまでの研究をもう一段階飛躍させ、宗教という観点から明治日本の新たな側面を描いてみたい。そのような想いから、筆を執った。キリスト教と政治といえば、キリスト教社会主義者たちが主に念頭に浮かび、彼らについての研究は、これまで多く蓄積されてきたが、それに比してキリスト教民権家についてのまとまった研究はほとんど存在しておらず、その違和感も、筆者の筆を後押しした。

もとより、取り上げた人物には限りがあり、論じられた範囲も狭いが、ここで浮き彫りとなった民権思想とキリスト教思想との連携・断絶や、武士道とキリスト教との関わり、そして、本書の最後の場面で島田三郎と木下尚江との間で展開された、いわば「政治」をめぐるキリスト教民権家とキリスト教社会主義者との世代交代――といったテーマは、筆者自身が今後、さらに検討を深めていきたいと考えているものである。

さて、本書は、筆者がこれまで『法学研究』発表してきた学術論文を大幅に加筆・修正し、これに書き下ろし部分を加えて、構成したものである。

執筆にあたっては、勤務先である慶應義塾大学法学部の笠原英彦教授、玉井清教授、増山幹高教授をはじめとする同僚各位に、大いにお世話になった。また、恩師であり、自由民権運動研究の第一人者である寺崎修・慶應義塾大学名誉教授には、細部にわたってご指導を頂戴した。そのご恩に対する謝意は、言葉では語り尽くせない。片岡健吉については高知市立自由民権記念館、本多庸一については青山学院資料センター、加藤勝弥については新潟県立文書館や立教大学図書館など、村松愛蔵については田原市立博物館、島田三郎については国立国会図書館憲政資料室と、各一次史料の所蔵機関にも多大なるご協力をいただいた。ここに深く感謝申し上げる次第である。

最後に、企画の立ち上げから刊行にいたるまで、一切を導いてくれた吉川弘文館の永田伸氏と並木隆氏に、あつく御礼申し上げたい。

平成二十四年十一月　東京・三田の山にて

小川原正道

参考文献

第一章

〔史　料〕

「片岡家資料」（高知市立自由民権記念館寄託）
「諸官進退」諸官進退状第一巻・明治四年七月～九月（国立公文書館蔵）
「太政類典」第二編・明治四年～明治一〇年（国立公文書館蔵）
『帝国議会貴族院議事速記録』一六（東京大学出版会、昭和五五年）
立志社創立百年記念出版委員会編『片岡健吉日記』（高知市民図書館、昭和四九年）

〔著書・論考〕

板垣退助監修『自由党史』上巻（岩波文庫、昭和三二年）
家近良樹『浦上キリシタン流配事件―キリスト教解禁への道』（吉川弘文館、平成一〇年）
一色　哲「キリスト教と自由民権運動の連携・試論―岡山と高梁を事例に」（『キリスト教社会問題研究』第四三号、平成六年七月）
上野直蔵編『同志社百年史』通史編一（同志社、昭和五四年）

江刺昭子「明治中期横浜におけるプロテスタントの社会活動」（『自由民権』第二一号、町田市立自由民権資料館、平成二〇年三月）
太田愛人『開化の築地・民権の銀座・築地バンドの人びと』（築地書館、平成元年）
大畑　哲「平塚・金目の自由民権運動とキリスト教」（『自由民権』第一九号、町田市立自由民権資料館、平成一八年三月）
小川原正道「明治期における内地雑居問題とキリスト教対策」（寺崎修・玉井清編『戦前日本の政治と市民意識』慶應義塾大学出版会、平成一七年、所収）
小川原正道「士族反乱と民権思想―西南戦争における板垣退助を中心に」（笠原英彦編『近代日本の政治意識』慶應義塾大学出版会、平成一九年、所収）
小川原正道「自由民権家としての加藤勝弥」（『法学研究』第八二巻二号、平成二一年二月）
小川原正道『近代日本の戦争と宗教』（講談社、平成二二年）
小川原正道「宗教行政史」（笠原英彦編『日本行政史』慶應義塾大学出版会、平成二二年、所収）
小川原正道「片岡健吉における信仰と政治」（『法学研究』第八四巻一一号、平成二三年一一月）
小原　信『内村鑑三の生涯―日本的キリスト教の創造』（PHP文庫、平成九年）
尾西康充「北村透谷『楚囚之歌』論―片岡健吉に関わる「監獄」の社会的言説との関連」（『三重大学日本語学文学』第八号、平成九年六月）
片岡健吉「封建武士と基督信者」（『武士道』第二号、明治三一年）
片岡健吉先生銅像再建期成会編『片岡健吉先生の生涯』（片岡健吉先生銅像再建期成会、昭和三八年）

片岡健次「祖父片岡健吉を語る」(『自由のともしび』第六号、平成三年一二月)
川崎巳之太郎編『実験上の宗教』(警醒社、明治三〇年)
高知教会百年史編纂委員会編『高知教会百年史』(日本基督教団高知教会、昭和六〇年)
高知市立自由民権記念館編『平成三年度第二回企画展「立憲政治の父片岡健吉」解説目録』(高知市立自由民権記念館、平成三年)
小林和幸「第二次山県内閣『宗教法案』をめぐる諸相」(『青山学院大学文学部紀要』第二九号、昭和六三年)
近藤　清「紹介と批判『片岡健吉先生伝』」(『歴史学研究』第一〇巻七号、昭和一五年七月)
鈴木範久編『内村鑑三全集』第三一巻(岩波書店、昭和五八年)
隅谷三喜男「天皇制の確立過程とキリスト教」(明治史料研究連絡会編『民権論からナショナリズムへ(新装版)』御茶の水書房、昭和四一年、所収)
高橋信司「同志社と立志社」(『同志社時報』第八号、昭和三九年二月)
高橋信司「同志社人物誌(二七)片岡健吉」(『同志社時報』第三一号、昭和四三年八月)
寺崎　修「保安条例の施行状況について」(手塚豊編著『近代日本史の新研究Ⅸ』北樹出版、平成三年、所収)
外崎光広「片岡健吉と自由民権運動」(『自由のともしび』第六号、平成三年一二月)
中川芙佐「土佐自由民権運動に見るキリスト教感化―あるクリスチャン青年の軌跡を通して」(『高知市立自由民権記念館紀要』第一四号、平成一八年八月)

平岡敏夫「自由民権思想とキリスト教」(『国文学—解釈と鑑賞』第三二巻七号、昭和四二年)
ポール・V・グリーシー(Paul V. Griesy)/北垣宗治訳「同志社の土着化(一八七五—一九一九)(その8)」(『同志社談叢』第二八号、平成二〇年三月)
正宗白鳥「内村先生追憶」(鈴木俊郎編『回想の内村鑑三』岩波書店、昭和三一年、所収)
升味準之輔『日本政党史論』第二巻(東京大学出版会、昭和四一年)
町田市立自由民権資料館『山上卓樹・カクと武相のキリスト教—響きあう信仰と運動』町田市立自由民権資料館、平成一七年)
松永文雄編『片岡健吉』(中庸堂書店、明治三六年)
宮沢邦一郎「上毛蚕糸業者の思想と行動—共同組合製糸・自由民権・キリスト教」(『地方史研究』第三四巻四号、昭和五九年八月)
村瀬信一「第一議会と自由党—「土佐派の裏切り」考」(『史学雑誌』第九五巻二号、昭和六一年二月)
村山幸輝「自由民権期における留岡幸助—近代日本における一社会事業家の平民主義形成をめぐって」(『キリスト教社会問題研究』第二六号、平成五二年一二月)
山崎保興「自由民権運動とキリスト教—坂本直寛の場合」(『北星論集』第一〇号、昭和四八年)
山本由児「山本正心と自由民権運動—思想とその一生」(『高知市立自由民権記念館紀要』第一四号、平成一八年八月)
米田竜二「議会列伝—2—片岡健吉—キリスト教と武士道と」(『月刊自由民主』第四五五号、平成三年二月)

読売新聞社編『家庭の教育』（伊藤交友館、明治三四年）

第二章

〔史　料〕

気賀健生「明治初期のキリスト教開拓伝道に関する史料―本多庸一の伝道日誌〔含明治一〇～一一年津軽伝道日記の翻刻〕」（『青山学院大学一般教育部会論集』第一一号、昭和四五年）

気賀健生「青山学院資料センター所蔵のキリスト教貴重文献・資料　その二四―岡田哲蔵旧蔵・本多庸一関係資料」（『Wesley Hall News』第九七号、平成二〇年一〇月）

気賀健生「本多庸一研究史料―弘前メソジスト教会設立に関する本多庸一の書簡」（『青山学院大学文学部紀要』第一三号、昭和四六年）

内閣官報局編『法令全書』（明治二〇年）

弘前学院出版会編『本多庸一資料集　岡田哲蔵旧蔵　一～三』（弘前学院出版会、平成二三年）

本多　繁「本多庸一未発表文献」（『宮城学院女子大学研究論文集』第一一号、昭和三二年）

「本多先生日記抜粋」（青山学院資料センター所蔵）

「本多氏宿所表より」（青山学院資料センター所蔵）

「明治三八年三月一一日付本多庸一・岡田哲蔵宛軍事郵便」（青山学院資料センター所蔵）

山本　博「本多庸一のバラ宛ての英文書簡」（『紀要（秋田桂城短期大学）』第一一号、平成一三年一〇

月）

〔著書・論考〕

相沢文蔵「本多庸一論―明治の人々Ⅲ（Ⅰ）―（Ⅳ）」（『道標』第一四号―一七号、昭和三七年三月―昭和四〇年一二月）
青森県議会史編纂委員会編『青森県議会史　明治元―二三年』（青森県議会、昭和三七年）
青山学院編『本多庸一』（青山学院、昭和四三年）
稲葉克夫「青森県における自由民権運動」（『弘前大学國史研究』第八四号、昭和六三年三月）
内村鑑三「日本の基督教界に於ける故本多庸一君の位置」（『聖書之研究』第一四二号、明治四五年五月）
岡田哲蔵『我が先生』（阿部義宗、大正一四年）
岡田哲蔵『本多庸一伝』（日独書院、昭和一〇年）
小野塚喜平次『政治学大綱』（博文館、明治三六年）
小川原正道『近代日本の戦争と宗教』（講談社、平成二二年）
小川原正道「片岡健吉における信仰と政治」（『法学研究』第八四巻第一一号、平成二三年一一月）
小川原正道「本多庸一における「政治」」（『法学研究』第八五第九号、平成二四年九月）
河西英通『近代日本の地域思想』（窓社、平成八年）
気賀健生著・青山学院大学『本多庸一』編集委員会編『本多庸一―信仰と生涯』（教文館、平成二四

年）
酒井　豊「本多庸一と日本の高等教育の基盤」（青山学院大学総合研究所キリスト教文化研究部編『キリスト教大学の使命と課題―青山学院の原点と二一世紀における新たなる挑戦』教文館、平成二三年、所収）
佐々木竜太「本多庸一の「基督主義」教育観における「実験」概念」（『教育研究』第四七号、平成一五年三月）
佐々木竜太「本多庸一における“Man”概念の研究―青山学院の指導精神とメソディズムを中心として」（『青山学院大学文学部紀要』第四八号、平成一八年）
佐々木竜太「本多庸一における日本の敬神思想・道徳思想とキリスト教」（『教育研究』第五三号、平成二一年三月）
高木壬太郎『本多庸一先生遺稿』（日本基督教興文協会、大正七年）
野口伐名「本多庸一のバラ塾におけるキリスト教の出会いと発心の問題」（弘前学院大学地域総合文化研究所編『地域学』第一〇巻、弘前学院大学、平成二四年、所収）
橋本正信「青森県の自由民権運動―弘前地方を中心に」（『弘前大学國史研究』第三三号、昭和四三年五月）
平井亮一「本多庸一小論」（『神戸海星女子学院大学・短期大学研究紀要』第一五号、昭和五一年）
藤代泰三「本多庸一とウェスレー「キリスト者の完全」」（『キリスト教社会問題研究』第一四・一五号、昭和四四年三月）

保村和良「「伝道日誌」の著者について」（弘前学院大学地域総合文化研究所編『地域学』第一〇巻、弘前学院大学、平成二四年、所収）
本多　繁「本多庸一及その時代」（『宮城学院女子大学研究論文集』第八号、昭和三〇年）
本多　繁「青森の自由民権運動―本多庸一を中心として」（『福音と世界』昭和五六年一〇月号）
本多　繁『明治宗教家の書簡と履歴書から―本多庸一とその家族』（明治プロテスタンティズム研究所、平成一三年）
本多庸一「武士道は基督教に酷似す」（『中央公論』第一九四号、明治三七年一二月）
松本郁代「『岡田哲蔵旧蔵・本多庸一関係資料』について」（『地域学』第七号、平成二一年）
松本郁代「慈善事業協力者としての本多庸一」（弘前学院大学地域総合文化研究所編『地域学』第一〇巻、弘前学院大学、平成二四年、所収）

第三章

〔史料〕

「小柳文書」（立教大学図書館所蔵）
「杉田定一関係文書」（大阪経済大学図書館蔵）
「鈴木家文書」（上越市吉川区・善長寺蔵）
「新潟県第一回通常会議事録」（新潟県立図書館蔵）

「新潟県第一二回通常県会議事録」（新潟県立図書館蔵）
「新潟県第一四回臨時県会議事録」（新潟県立図書館蔵）
「北陸巡廻日記」（『交詢雑誌』二八―三〇号、明治一三年一一月五日、一一月一五日、一一月二五日）
「三島通庸関係文書」（国立国会図書館憲政資料室蔵）
「山際家文書」（山際家蔵、新潟県立文書館寄託）

〔著書・論考〕

阿部恒久『近代日本地方政党史論―「裏日本」化の中の新潟県政党運動』（芙蓉書房出版、平成八年）
荒木徳衛編『岩船郡憲政小史　県会の巻』（荒木徳衛、昭和一〇年）
板垣退助監修『自由党史』中（岩波文庫、昭和三三年）
永木千代治『新潟県政党史』（新潟県政党史刊行会、昭和三七年）
江村栄一『自由民権革命の研究』（法政大学出版局、昭和五九年）
大槻　弘『越前自由民権運動の研究』（法律文化社、昭和五五年）
小川原正道「自由民権家としての加藤勝弥」（『法学研究』第八二巻二号、平成二一年二月）
木戸照陽編著『日本帝国国会議員正伝』（田中宋栄堂、明治二三年）
金原左門「明治国家体制と自由党系政社の動向―越佐同盟会を中心に」（稲田正次編『明治国家形成過程の研究』御茶の水書房、昭和四一年、所収）
黒埼町町史編さん近代部会編『黒埼町史』資料編3（黒埼町、平成六年）

黒崎町町史編さん自由民権部会編『黒崎町史　別巻　自由民権編』（黒崎町、平成一一年）
警醒社編『信仰三〇年基督者列伝』（警醒社書店、大正一〇年）
交詢社編『交詢社百年史』（交詢社、昭和五八年）
後藤　靖「自由民権期の交詢社名簿」（『立命館大学人文科学研究所紀要』第二四号、昭和五二年四月）
隅谷三喜男「天皇制の確立過程とキリスト教」（明治史料研究連絡会編『民権論からナショナリズムへ（新装版）』御茶の水書房、昭和四一年、所収）
鷹澤昭一編『見よ今は恵みの時―日本基督教団東新潟教会二五年の歩み』（日本基督教団東新潟教会、昭和五六年）
滝沢　繁「新潟県自由民権運動の展開と政党の成立」（『地方史研究』第一八四号、昭和五八年八月）
鶴巻孝雄「大阪事件における内治革命計画」（大阪事件研究会編『大阪事件の研究』柏書房、昭和五七年、所収）
手塚　豊『手塚豊著作集　第一巻　自由民権裁判の研究（上）』（慶応通信、昭和五七年）
新潟県編『新潟県史』資料編19・近代七・社会文化編（新潟県、昭和五八年）
新潟県編『新潟県史』通史編6・近代一（新潟県、昭和六二年）
新潟県編『新潟県史』通史編7・近代二（新潟県、昭和六三年）
新潟県議会史編さん委員会編『新潟県議会史』大正編（新潟県議会、昭和三二年）
新潟県議会史編さん委員会編『新潟県議会史』明治編一・二（新潟県議会、平成一三年・一四年）
新潟県史研究会『新潟県百年史』上巻（野島出版、昭和四三年）

廣田三郎編『実業人傑伝』第五巻（実業人傑伝編纂所、明治三一年）
本間恂一「新潟新聞小論」（『日本歴史』第三〇一号、昭和四八年六月）
本間恂一・溝口敏麿編『雪月花―西潟為蔵回顧録』（野島出版、昭和四九年）
本間恂一「高田事件以降の新潟県自由民権運動―明治一七年北陸七州懇親会への道程」（青木美智男・阿部恒久編『幕末維新と民衆社会』高志書院、平成一〇年、所収）
本間恂一「地方政党の運動と展開」（黒崎町町史編さん自由民権部会編『黒崎町史　別巻　自由民権編』黒崎町、平成一二年、所収）
本井康博「アメリカン・ボード北日本ミッションと沢山保羅―新潟伝道の開始から教会設立まで」（『沢山保羅研究』第六号、昭和五四年一月）
本井康博編『回想の加藤勝弥』（キリスト新聞社、昭和五六年）
本井康博「自由民権ここに人あり」（『キリスト新聞』昭和五七年二月二七日付）
本井康博「自由民権運動とキリスト教―加藤勝弥を中心として」（日本プロテスタント史研究会編『新潟県キリスト教史』上巻、新潟日報事業社出版部、平成五年、所収）
本井康博『近代新潟におけるキリスト教教育―新潟女学校と北越学館』（思文閣出版、平成一九年）
本井康博『近代新潟におけるプロテスタント』（思文閣出版、平成一八年）
守　玄生「北越民権史（二一）（二四）（二八）（四九）（五〇）（五二）」
森山誠一「自由民権前半における北陸の自由民権」（『歴史評論』第四一五号、昭和五九年一一月）
横山真一「自由民権運動と新潟の青年」（本間恂一・溝口敏麿編『新潟県の百年と民衆』野島出版、平

成一一年、所収）
横山真一『新潟の青年自由民権運動』（梓出版社、平成一七年）
吉川町史編さん委員会編『吉川町史』第二巻（吉川町、平成八年）

第四章

〔史料〕

「第二二議会議案経過録」（『政友　第二二議会報告書』第七一号、明治三九年四月二五日）
「帝国議会会議録検索システム」（国立国会図書館、http://teikokugikai-i.ndl.go.jp/、平成二三年一一月八日アクセス）
「昭和六年六月一〇日付高津高二宛村松愛蔵ハガキ」（田原市博物館所蔵）
「愛用の聖書」（田原市博物館所蔵）
「年不明一一月二三日付近藤博宛村ハガキ」（田原市博物館所蔵）
「年不明六月一一日付近藤博宛ハガキ」（田原市博物館所蔵）

〔著書・論考〕

家永三郎・松永昌三・江村栄一編『新編明治前期の憲法構想』（福村出版、平成一七年）
大久保利夫『衆議院議員候補者列伝―一名・帝国名士叢伝』第三冊（六法館、明治二三年）

小川原正道「自由民権家としての加藤勝弥」（『法学研究』第八二巻二号、平成二一年二月）
小川原正道「加藤勝弥の政治思想とその活動―後半生を中心に」（『法学研究』第八三巻七号、平成二二年七月）
小川原正道「片岡健吉における信仰と政治」（『法学研究』第八四巻一一号、平成二三年一一月）
小川原正道「村松愛蔵における信仰と政治」（『法学研究』第八五巻四号、平成二四年四月）
小沢耕一『回天の志士　村松愛蔵』（村松愛蔵のつどい、昭和六一年）
河合光治編『代議士より救世軍士官に　村松愛蔵研究―資料と解説』（友愛書房、平成一年）
柴田良保『自由民権村松愛蔵とその予告』（白い家、昭和五九年）
鈴木金太（蔵山）『衆議院議員候補者評伝―逐鹿界之片影』（山田丹心館、明治三五年）
鈴木清節編『三河憲政史料』（三河憲政史料刊行会、昭和一六年）
田原市博物館「平常展　自由民権運動に参加した人々」平成二二年二月一九日～三月二二日、「村松・川澄周辺の関係人物」（http://www.taharamuseum.gr.jp/exhibition/ex 100219/index 3.html. 平成二四年八月二二日アクセス）
田原町文化財保護審議会・田原町史編さん委員会編『田原町史』下巻（田原町・田原町教育員会、昭和五三年）
手塚　豊『自由民権裁判の研究〈中〉』（慶應義塾大学出版会、昭和五九年）
寺崎　修『自由民権運動の研究―急進的自由陰険運動家の軌跡』（慶應義塾大学法学研究会、平成二〇年）

野中正孝編著『東京外国語学校史―外国語を学んだ人たち』（不二出版、平成二〇年）
日比野元彦「村松愛蔵と日本救世軍」（『東海近代史研究会会報』第五号、昭和五五年）
長谷川昇「自由民権新資料―村松愛蔵憲法草案」（『歴史評論』第八九号、昭和三三年一月）
山崎保興「自由民権運動とキリスト教―坂本直寛の場合」（『北星論集』第一〇号、昭和四八年）
山室軍平『救世軍略史』（救世軍出版及供給部、大正一五年）
山室軍平『救世軍二五年戦記―去四半世紀間日本救世軍の運動』（救世軍本営、大正九年）
山室軍平編『代議士から救世軍士官に』（救世軍出版及供給部、昭和五年）
山室徳子『遁れの家にて―村松きみの生涯』（ドメス出版、昭和六〇年）
我妻栄編『日本政治裁判史録　明治・後』（第一法規出版、昭和四四年）
渡辺雅司『明治日本とロシアの影』（東洋書店、平成一五年）

第五章

〔史　料〕

伊藤博文関係文書研究会編『伊藤博文関係文書』第五巻（塙書房、昭和五二年）
「石川安次郎関係文書」（東京大学近代日本法政史料センター蔵）
大宮市史編さん委員会編『大宮市史　別巻　永田荘作関係書簡集』（大宮市役所、平成七年）
「近衛篤麿関係文書」（陽明文庫蔵）

島田三郎全集編集委員会編『島田三郎全集』全七巻（龍渓書舎、平成元年）
早稲田大学大学史資料センター編『大隈重信関係文書』第六巻（みすず書房、平成二二年）

〔著書・論考〕
井上徹英『島田三郎と近代日本―孤高の自由主義者』（明石書店、平成三年）
井上徹英『〝戦後〟と闘った自由主義者の肖像猪木正道の歩んだ道』（有峰書店新社、平成五年）
内田修道「島田三郎の思想と行動―第一議会を中心として」一・二（『神奈川県史研究』第二三号・第三〇号、昭和四九年・五〇年）
江浦　生「平和の使節随従記」第三七（『東京毎日新聞』明治四四年一二月一〇日付）
木下尚江『神・人間・自由』（中央公論社、昭和九年）
小崎弘道「日本民族と基督教」（『新人』第一一巻一〇号、明治四三年一〇月）
櫻井良樹「日露戦後における島田三郎の政治軌跡」（横浜近代史研究会・横浜開港資料館編『横浜の近代―都市の形成と展開』日本経済評論社、平成九年、所収）
島田三郎「文明道徳相関論」（『六合雑誌』第六八号、明治一九年八月）
島田三郎「有神論と道徳との関係」（『六合雑誌』第七三号、明治二〇年一月）
島田三郎「人生の目的」（『六合雑誌』第七七号、明治二〇年五月）
「島田三郎氏の政党論」（『毎日新聞』明治二三年一月一日～一八日、全一〇回）
「島田三郎氏の宗教談」（『日本宗教』第一一号、明治二九年五月）

島田三郎「憲政本党を脱せし理由」（『毎日新聞』明治三一年一二月二三日付）
島田三郎『政教概論如是我観』（警醒書店、明治三五年）
島田三郎「当代小観録」『中央公論』明治三六年一一月号
島田三郎「愛国者と基督教」（『新人』第二〇巻一〇号、明治四二年一〇月）
島田三郎「日韓併合と国民の責任」（『新人』第一一巻一〇号、明治四三年一〇月）
島田三郎「ブース大将来朝の思ひ出」（『新人』第一三巻九号、明治四五年九月）
島田三郎『日本改造論』（暸文堂、大正一〇年）
島袋　勉「音楽教育成立過程に関する一考察―島田三郎の音楽教育論」（『実践女子大学文学部紀要』第二五号、昭和六〇年三月）
「将軍ブース及び救世軍」（『毎日新聞』明治三二年一二月二七付）
新仏教徒同志会編『将来之宗教』（新仏教徒同志会、明治三六年）
「政党の現状、其経歴、其意思其争点」（『毎日新聞』明治三三年五月一八日・一九日付、全二回）
鈴木範久編『開教五〇年記念講演集―付祝典記録』近代日本キリスト教名著選集・第Ⅲ期・キリスト教受容史編（日本図書センター、平成一四年）
住谷悦治「明治キリスト教徒の社会主義思想―島田三郎の社会主義論について」（『同志社大學經濟學論叢』第一二巻三・四号、昭和三七年一一月）
住谷悦治「島田三郎の社会主義について」（キリスト教社会問題研究会編。『日本におけるキリスト教と社会問題』みすず書房、昭和三七年、所収）

高橋昌郎『島田三郎伝』（まほろば書房、昭和六三年）
高橋昌郎『島田三郎―日本政界における人道主義者の生涯』（基督教史学会、昭和二九年）
武田晃二「島田三郎の「普通教育」論―改正教育令制定前後の文部省普通教育政策に関する一考察」（『岩手大学教育学部研究年報』第五一巻一号、平成三年）
「ブース大将を送る」（『東京毎日新聞』明治四〇年五月二三日付）
福井　淳「嚶鳴社員官吏と「改正教育令」―島田三郎を中心にして」（『歴史学研究』第五三五号、昭和五九年一月）
福井　淳「嚶鳴社の構造的研究」（『歴史評論』第一〇七号、昭和五九年一月）
門奈直樹『民衆ジャーナリズムの歴史―自由民権から占領下沖縄まで』（三一書房、昭和五八年）
「モルモン教を評す」（『毎日新聞』明治三四年九月五日―八日、全三回）
山本武利『新聞記者の誕生―日本のメディアをつくった人びと』（新曜社、平成二年）
山本武利「政治家兼新聞人としての島田三郎―なぜかれはキャンペーンを『毎日新聞』で展開したのか」（田中浩編『現代世界と国民国家の将来』御茶の水書房、平成二年、所収）

著者紹介

一九七六年、長野県に生まれる
二〇〇三年、慶應義塾大学大学院法学研究科
博士課程修了、博士（法学）
現在、慶應義塾大学法学部准教授

主要著書
『西南戦争―西郷隆盛と日本最後の内戦』（中公新書、二〇〇七年）
『近代日本の戦争と宗教』（講談社選書メチエ、二〇一〇年）
『福沢諭吉―「官」との闘い』（文藝春秋、二〇一一年）
『福沢諭吉の政治思想』（慶應義塾大学出版会、二〇一二年）

歴史文化ライブラリー
363

明治の政治家と信仰
クリスチャン民権家の肖像

二〇一三年（平成二十五）三月一日　第一刷発行

著者　小川原《おがわら》正道《まさみち》
発行者　前田求恭
発行所　株式会社 吉川弘文館
東京都文京区本郷七丁目二番八号
郵便番号一一三―〇〇三三
電話〇三―三八一三―九一五一〈代表〉
振替口座〇〇一〇〇―五―二四四
http://www.yoshikawa-k.co.jp/

印刷＝株式会社 平文社
製本＝ナショナル製本協同組合
装幀＝清水良洋・大胡田友紀

歴史文化ライブラリー

1996.10

刊行のことば

現今の日本および国際社会は、さまざまな面で大変動の時代を迎えておりますが、近づきつつある二十一世紀は人類史の到達点として、物質的な繁栄のみならず文化や自然・社会環境を謳歌できる平和な社会でなければなりません。しかしながら高度成長・技術革新にともなう急激な変貌は「自己本位な刹那主義」の風潮を生みだし、先人が築いてきた歴史や文化に学ぶ余裕もなく、いまだ明るい人類の将来が展望できていないようにも見えます。このような状況を踏まえ、よりよい二十一世紀社会を築くために、人類誕生から現在に至る「人類の遺産・教訓」としてのあらゆる分野の歴史と文化を「歴史文化ライブラリー」として刊行することといたしました。

小社は、安政四年(一八五七)の創業以来、一貫して歴史学を中心とした専門出版社として書籍を刊行しつづけてまいりました。その経験を生かし、学問成果にもとづいた本叢書を刊行し社会的要請に応えて行きたいと考えております。

現代は、マスメディアが発達した高度情報化社会といわれますが、私どもはあくまでも活字を主体とした出版こそ、ものの本質を考える基礎と信じ、本叢書をとおして社会に訴えてまいりたいと思います。これから生まれでる一冊一冊が、それぞれの読者を知的冒険の旅へと誘い、希望に満ちた人類の未来を構築する糧となれば幸いです。

吉川弘文館

〈オンデマンド版〉
明治の政治家と信仰
クリスチャン民権家の肖像

歴史文化ライブラリー
363

2022年（令和4）10月1日　発行

著　者　小《お》川《がわ》原《ら》正《まさ》道《みち》
発行者　吉　川　道　郎
発行所　株式会社　吉川弘文館
〒113-0033　東京都文京区本郷7丁目2番8号
TEL　03-3813-9151〈代表〉
URL　http://www.yoshikawa-k.co.jp/

印刷・製本　大日本印刷株式会社
装　幀　清水良洋・宮崎萌美

小川原正道（1976～）

ISBN978-4-642-75763-8